"LEASING"
O
ARRENDAMENTO FINANCEIRO

"LEASING"
O
ARRENDAMIENTO FINANCIERO

JOSÉ FRANCISCO LOPES
DE MIRANDA LEÃO

"LEASING"
O
ARRENDAMENTO FINANCEIRO

2ª edição

MALHEIROS
EDITORES

"LEASING" O ARRENDAMENTO FINANCEIRO

© José Francisco Lopes de Miranda Leão

1ª edição, 08.1998.

ISBN: 85-7420-215-0

Direitos reservados desta edição por
MALHEIROS EDITORES LTDA.
Rua Paes de Araújo, 29, conjunto 171
CEP 04531-940 — São Paulo — SP
Tel.: (011) 3842-9205 — Fax: (011) 3849-2495
www.malheiroseditores.com.br
malheiroseditores@zaz.com.br

Composição
Acqua Estúdio Gráfico Ltda.

Capa
criação: Vânia Lúcia Amato
arte: PC Editorial Ltda.

Impresso no Brasil
Printed in Brazil
5.2000

PREFÁCIO

O que mais me chama a atenção na obra de José Francisco Lopes de Miranda Leão é a capacidade, que tem, de manusear conceitos com profundidade sem perder a visão prática dos resultados a que eles conduzem. Mestre em Direito pela Faculdade do Largo de São Francisco e também envolvido profissionalmente nos assuntos relacionados com o instituto do *leasing*, ele faz com muita habilidade essas duas coisas – pondo a cultura do estudioso a serviço da eficiência do operador do direito.

Esta obra vai além do exame do arrendamento financeiro pelo prisma jurídico-material, quando se põe a examinar as projeções processuais do instituto – o que é próprio à dupla condição de Miranda Leão, como estudioso do *leasing* e como processualista: ele é também autor de uma monografia sobre a ação meramente declaratória, que foi a dissertação defendida em nível de mestrado.[1] O livro que tenho a alegria e honra de prefaciar contém todo um capítulo dedicado a *questões processuais*, onde o advogado caminha de mãos dadas com o processualista ao examinar as diversas crises jurídicas relacionadas com o *leasing* e os remédios jurídico-processuais adequados, com ênfase à tutela antecipada e a pertinentes aspectos da venda do bem durante sua vigência.

Mas o livro é preponderantemente de direito material, como não poderia deixar de ser um livro sobre o arrendamento financeiro. O empenho maior do autor é o de pôr em destaque a natureza do instituto, identificando os elementos categoriais que lhe são próprios e tirando daí conclusões coerentes em sede substancial e processual. Como estudioso do tema e praticante do instituto em sua advocacia, Miranda Leão combate com veemência as posições dos que atri-

---

1. *Sentença declaratória (eficácia quanto a terceiros e eficiência da Justiça)*, São Paulo, Malheiros Editores, 1999.

buem ao *leasing* predicados não condizentes com sua verdadeira natureza ou propõem vias processuais destoantes desta.

Firmada essa premissa, a obra caminha com absoluta segurança pelos meandros das inúmeras dificuldades e vacilações jurisprudenciais e doutrinárias sobre o tema. Nela, o que mais me impressiona é a coerência, que o autor prepara desde o início ao formular "uma proposta de metodologia" e manter-se fiel a esta do começo ao fim. Propõe-se ele a "começar pelo concreto, para buscar em seguida, enquadramento da relação que estamos estudando no sistema jurídico vigente entre nós, a ver se conseguimos uma melhor compreensão do instituto e dos desdobramentos dele decorrentes no campo dos direitos". Essa é uma postura verdadeiramente científica, responsável pela coerência do escrito como um todo – seja em suas projeções jurídico-substanciais, seja nas conseqüências de ordem processual.

Por isso é que me orgulho da oportunidade que tive de prefaciar a obra de MIRANDA LEÃO. Mas, além da honra que me dá, essa oportunidade é também um motivo de alegria, mercê da velha e sólida amizade que me une ao autor. Foi meu aluno há quase trinta anos, no curso de graduação da nossa Faculdade, tendo eu sido agraciado com o convite a ser o patrono de sua turma, no ano de 1973. Desde então, ambos soubemos preservar e cultivar a amizade ali iniciada e o sentimento de sadia fraternidade que nos une. Obrigado, amigo!

CÂNDIDO RANGEL DINAMARCO

"LEASING"
O
ARRENDAMENTO FINANCEIRO

SUMÁRIO

1. INTRODUÇÃO
1. Uma proposta de metodologia 9

2. DIREITOS REAIS E DIREITOS PESSOAIS
2. Fator determinante da manifestação de vontade dos sujeitos em relação aos objetos 13
3. Indispensabilidade de direito real sobre o objeto 13
4. Dispensabilidade de direito real 14

3. USO REMUNERADO DE COISA ALHEIA
5. Relações jurídicas tradicionais de natureza pessoal: comodato e locação (civil e mercantil) 15
6. *Leasing*: locação financeira (ou arrendamento financeiro) 17

4. CARACTERÍSTICAS CATEGORIAIS DO *LEASING*
7. Características substanciais: distinção subjetiva e distinções objetivas 25
8. Características derivadas: valor residual garantido, opção de compra, opção de renovação 28
9. Peculiaridades do *leasing* imobiliário 31
10. Peculiaridades do *leasing* operacional 33
11. Definição do contrato de *leasing* 35

5. DIREITOS E DEVERES, OBRIGAÇÕES E PRERROGATIVAS
12. Obrigações não pecuniárias entre as partes 37
13. Obrigações pecuniárias entre as partes: contraprestações periódicas e antecipações do valor residual 39
13A. Substituição do bem arrendado 42

14. Responsabilidade perante terceiros: danos da coisa, mau uso, infrações administrativas 44
15. Benfeitorias e acessões no bem arrendado 49
16. Oponibilidade a terceiros 51

6. PACTOS ACESSÓRIOS: GARANTIAS SUBSIDIÁRIAS DAS OBRIGAÇÕES CONTRATUAIS
17. Garantias reais: hipoteca, penhor, caução, alienação fiduciária, outras 53
18. Garantias pessoais: solidariedade passiva, fiança, aval 54

7. EXTINÇÃO ANTECIPADA DA RELAÇÃO JURÍDICA
19. Conseqüências obrigacionais em geral 59
20. Inocorrência de culpa da parte 60
21. Ocorrência de culpa da parte 60

8. QUESTÕES PROCESSUAIS
22. Tipos de crises jurídicas 63
23. Demandas revisionais (declaratórias e constitutivas): relações civis, de comércio e de consumo 64
24. Demandas decorrentes do inadimplemento: possessória, de cobrança, indenizatória; desaparecimento do bem arrendado 68
25. Venda do bem na vigência de tutela antecipada 73
26. Demandas com terceiros 75

9. ALGUNS ASPECTOS TRIBUTÁRIOS
27. Imposto de renda 79
28. Imposto sobre serviços *versus* imposto sobre operações de crédito 81
29. Imposto sobre circulação de mercadorias 82

10. QUESTÕES POLÊMICAS
30. Critério de seleção 85
31. Antecipação do valor residual 85
32. Devolução do Valor Residual antecipado em caso de extinção antecipada do contrato 87
33. Valor residual contratado e preço de mercado 89
34. Arrendamento único 90

35.	A questão da antecipação de VRG como antecipação da opção de compra	90
36.	A questão da variação cambial	93
36A.	Ações revisionais coletivas	96
37.	Ação possessória e antecipação de tutela	98
38.	Purgação da mora	102
39.	Fiel depositário	103
40.	Inadequação do contrato para pessoas naturais	105

APÊNDICE: LEGISLAÇÃO E NORMAS ADMINISTRATIVAS APLICÁVEIS

Lei n. 6.099, de 12 de setembro de 1974 107
Lei n. 8.880, de 27 de maio de 1994 113
Lei n. 9.249, de 26 de dezembro de 1995 113
Lei n. 9.430, de 27 de dezembro de 1996 113
Lei n. 9.514, de 20 de novembro de 1997 114
Lei complementar n. 56, de 16 de dezembro de 1987 114
Resolução CMN n. 2.309/96 114
Resolução CMN n. 2.561/98 122
Portaria MF n. 113, de 26 de fevereiro de 1988 124
Portaria MF n. 140, de 27 de julho de 1984 125
Portaria MF n. 564, de 3 de novembro de 1978 126
Resolução CONTRAN n. 59, de 21 de maio de 1998 127

BIBLIOGRAFIA 129

1
INTRODUÇÃO

1. Uma proposta de metodologia

1. Uma proposta de metodologia

É comum, quando se cuida de definir a natureza jurídica do *leasing*, recorrer a noções como "negócio jurídico indireto", "contrato misto" ou "complexo" e, através dessas noções, promover raciocínios que comparam ou procuram classificar o *leasing* meio como locação, meio como financiamento, meio como compra e venda a prazo.

Arnaldo Rizzardo, por exemplo, fala em "simbiose da locação, do financiamento e da venda";[1] Celso Benjó também fala em "negócio jurídico complexo, que encerra em si mesmo o financiamento de uma locação".[2] Já Mauro Brandão Lopes viu no instituto uma verdadeira venda financiada, afirmando que "a importância do financiamento, aplicada pelo arrendador na compra de coisa, ou por esta representada, se já de sua propriedade, é simplesmente paga parceladamente sob a forma de 'aluguel' com todos os custos acessórios, e acrescida do lucro do financiador".[3]

Uma característica comum permeia essas maneiras de analisar o instituto: a preocupação com a característica de "financiamento" que está induvidosamente presente no negócio, preocupação essa que procede, mas deve ser tratada apropriadamente, posto que, em caso contrário, acabará por, na realidade, distorcer a análise jurídica da questão.

---

1. Rizzardo, *Leasing*, 1.2, p. 21
2. Benjó, "Leasing", in *RF* 274/11, 1981
3. Brandão Lopes, "Natureza jurídica do *leasing*", in *RDM* 14/38, 1974.

É que "financiamento" não é conceito de conteúdo jurídico: é um fenômeno da economia, consistente no aporte de capital para realizar um *projeto*, que poderá ser um empreendimento, uma atividade ou uma aquisição. No universo jurídico, esse fenômeno econômico irá manifestar-se sempre que de sua ocorrência resultarem relacionamentos interpessoais que envolvam direitos e deveres, prerrogativas e obrigações. Tal manifestação, no entanto, ocorre por diversas formas, podendo resultar em diferentes tipos de relação jurídica.

Por exemplo, em face da necessidade de reunir recursos para uma atividade, podem as pessoas formar uma sociedade, compondo-lhe o capital com recursos dos sócios e aplicando-o no desenvolvimento do escopo pretendido; está presente o fenômeno econômico do financiamento, mas, juridicamente, o que se verifica é um contrato de sociedade.

Vê-se também o fenômeno econômico manifestar-se nos contratos de incorporação, em que um empreendimento – a construção de um edifício – é financiado reunindo-se os recursos dos incorporadores. Também é ele visível na formação de um consórcio de pessoas para aquisição de bens. Muito atual, ainda, é o contrato de "patrocínio", mediante o qual uma empresa fornece o capital necessário (ou seja, financia) para uma atividade ou empreendimento artístico ou esportivo, em troca de publicidade para seu nome, seu produto ou sua marca. E assim por diante.

Na realidade, não existe um "contrato de financiamento" entre os tipos nominados na sistemática contratual brasileira. É evidente que o mútuo é o tipo contratual mais freqüente como veiculador jurídico do fenômeno econômico do financiamento, sendo, mesmo, comum falar-se em "contrato de financiamento" quando se cuide de um mútuo condicionado, ou seja, quando o dinheiro emprestado deva ser utilizado (por expressa previsão contratual) para finalidade determinada (por exemplo: capital de giro), sob pena de, utilizando-o o mutuário para outra finalidade, caracterizar-se inadimplemento; no entanto, em termos estritamente jurídicos, trata-se de um contrato de mútuo que contém uma condição resolutiva, consistente na utilização inadequada dos recursos emprestados.

Isso, no entanto, não significa que o mútuo seja o único vetor jurídico possível para manifestação de um financiamento. Na realidade, embora não se deva jamais olvidar, na análise jurídica dos negócios – inclusive o *leasing*[4] – o seu respectivo conteúdo econômico e, bem assim, a manifestação do fenômeno financeiro, não há razão para que, constatada essa manifestação, resulte daí qualquer distorção relativamente aos institutos, conseqüências e relacionamentos jurídicos envolvidos nesse fenômeno, que devem ser sempre analisados de acordo com a natureza e os efeitos jurídicos que lhes são próprios, mesmo tendo-se presente sempre a satisfação do escopo negocial, em cujo âmbito a relação jurídica foi formada.[5]

A metodologia de "misturar" tipos contratuais para definir um determinado negócio, que não me parece satisfatória, decorre de uma certa necessidade compulsiva que nós, cultores do direito de tradição romano-germânica, temos de buscar sempre estereótipos formais aos quais possamos submeter todo e qualquer tipo de relação jurídica. É uma realidade cultural de que não poderemos fugir – nem eu pretendo isso –; mas sem dúvida essa compulsão nos leva ao risco de, partindo do abstrato (os estereótipos) para definir o concreto (a relação jurídica propriamente dita), acabarmos por distorcer de alguma maneira a verdade desta última, para melhor fazê-la "enquadrar-se" no modelo com que a comparamos. E quando esse enqua-

---

4. Com a vênia dos puristas do vernáculo, utilizarei amiúde o vocábulo inglês *leasing* ao longo deste trabalho, porque a denominação adotada pela legislação brasileira — *arrendamento mercantil* — parece-me inadequada, como oportunamente procurarei demonstrar.

5. Mauro Brandão Lopes ("Natureza jurídica do *leasing*", in *RDM* 14/38, 1974) afirma que o *leasing* seria então um "negócio indireto", porque as partes se valem de um contrato nominado para "conseguir, por meio dele, não somente os seus efeitos normais, mas também um fim diverso daquele que decorreria de sua estrutura peculiar". A meu ver, na realidade, deve-se levar em conta que os "efeitos normais" do contrato nominado, que seria o de locação o arrendamento (obviamente, efeitos jurídicos genéricos desse contrato), necessariamente presentes, estarão, no caso, servindo de meio para alcançar uma finalidade econômica (portanto, externa à estrutura jurídica em si mesma). Cabe ao intérprete, então, distinguir e definir quais *nuances* jurídicas o escopo econômico específico é capaz de produzir sobre o conjunto de direitos e deveres, prerrogativas e obrigações genericamente decorrentes do tipo nominado que serve de base ao contrato. Isto porque, na verdade, não é que as partes desejem os efeitos normais do contrato nominado e *também* mais alguma coisa (um "fim diverso daquele que decorreria de sua estrutura peculiar"). Na realidade, as partes aceitam e estipulam reciprocamente os efeitos jurídicos do contrato nominado, subordinando esses efeitos, como *meios* instrumentais, à obtenção do escopo negocial que têm em mente. Os contratos, de fato, são sempre instrumentos para alcançar escopos econômico-patrimoniais; nenhuma análise jurídica, de nenhum contrato, será cientificamente adequada se não for feita tendo em vista esses escopos.

dramento não ocorre, mesmo com a distorção, o método de "misturar" estereótipos (locação com venda e empréstimo, por exemplo) é tão inadequado, se me é concedida a vênia, quanto a atitude de um biólogo que, ante uma espécie animal desconhecida, tentasse classificá-la como "misto" de cavalo com elefante e girafa.

Por essa razão, a proposta deste estudo é a análise do *leasing* (no Brasil) partindo de uma outra metodologia: tentando começar pelo concreto, para buscar, em seguida, enquadramento da relação que estamos analisando no sistema jurídico vigente entre nós, a ver se conseguimos uma melhor compreensão do instituto e dos desdobramentos dele decorrentes no campo dos direitos.

2
DIREITOS REAIS E DIREITOS PESSOAIS

2. Fator determinante da manifestação de vontade dos sujeitos em relação aos objetos. 3. Indispensabilidade de direito real sobre o objeto. 4. Dispensabilidade de direito real.

2. Fator determinante da manifestação de vontade dos sujeitos em relação aos objetos

Para iniciar, vamos tentar uma classificação simples dos fatores que determinam o desejo das pessoas em relação aos objetos. Quais as razões que nos levam a querer alguma coisa?

Direi que são de três ordens. A primeira será consumir a coisa. A segunda será, com essa coisa, formar patrimônio, acumular cabedal. E a terceira será tirar dessa coisa alguma vantagem, utilidade ou prazer. Não me parece descabido dizer que, sempre que alguém manifeste interesse em algo, estará presente algum destes fatores, ou mesmo alguns deles, conjugados.

Se trouxermos isto para o campo do direito, diremos que, de acordo com cada um desses fatores determinantes, ou com a conjugação deles, deveremos ter uma determinada intensidade de relacionamento jurídico envolvendo a coisa desejada.

3. Indispensabilidade de direito real sobre o objeto

Quando o sujeito ambiciona a coisa por vontade de consumi-la de imediato, precisará adquirir sobre ela um direito absoluto e exclusivo. Ao consumir algo, estamos a destruir esse objeto e, se sobre ele não dispusermos de direito absoluto, estaremos sempre prejudicando alguém. O consumo imediato legítimo, portanto, exige nada menos que aquisição de direito real próprio (vale dizer, sobre coisa própria), de gozo e exclusivo: direito de propriedade.[5a]

Já quando o desejo em relação à coisa decorre da ambição de formar cabedal, certamente o direito de propriedade também será adequado. Mas, se a coisa for um imóvel, haverá condições de formar patrimônio com ele, adquirindo um direito real não próprio (sobre coisa alheia), desde que esse direito também seja exclusivo e transferível a terceiros, por herança ou ato *inter vivos*: o direito real de enfiteuse. Vê-se, pois, que a intensidade da relação jurídica que envolve a coisa já não precisa ser, sempre, tão forte como na hipótese anterior: posso, em determinadas circunstâncias, alcançar o que quero (formar patrimônio), mesmo não adquirindo direito de propriedade sobre o objeto desejado.

4. Dispensabilidade de direito real

Já quando o fator determinante da vontade em relação a coisa não diz respeito a ela mesma, em si, e sim a alguma outra coisa que ela é capaz de proporcionar – uma utilidade, uma vantagem ou um prazer – então há maneiras de satisfazer essa vontade através de relacionamentos jurídicos ainda menos intensos. Ainda no campo dos direitos reais, falaríamos do usufruto, do uso, da habitação, que, cada qual dentro de suas características, são direitos capazes de assegurar a seu titular o uso e o gozo daquilo que a coisa pode proporcionar, sem que a intensidade da relação chegue perto daquela do direito de propriedade ou de enfiteuse, examinados antes.

Se o fator determinante do interesse sobre a coisa é a sua utilidade, nem mesmo é necessário adquirir sobre ela direito real: há direitos pessoais, oriundos de contratos, que podem também assegurar a satisfação desse interesse.

5a. Talvez seja mais apropriado falar em *domínio*: aquele que deseja consumir deve ter o *domínio* da coisa. Dirá alguém que domínio e propriedade são sinônimos; talvez sejam — não é a hora nem o lugar para discutir isto. No entanto, o art. 1.257 do Código Civil dispõe que o mútuo "transfere o domínio" da coisa, muito embora o mútuo não esteja elencado entre os modos de aquisição de *propriedade* de bens móveis (arts. 592 a 622 do Código Civil).

*3*
USO REMUNERADO DE COISA ALHEIA

> 5. Relações jurídicas tradicionais de natureza pessoal: comodato e locação (civil e mercantil). 6. "Leasing": locação financeira (ou arrendamento financeiro).

5. Relações jurídicas tradicionais de natureza pessoal: comodato e locação (civil e mercantil)

Para classificar as diferentes relações contratuais que ensejem o uso de coisa alheia, utilizarei como critério básico a relevância jurídica das diferenças objetivas consideradas, com vistas a identificar os diferentes regimes jurídicos que deverão reger cada uma das espécies definidas. Nessa linha, a primeira grande subdivisão classificatória deverá levar em conta ser a coisa objetivada *fungível* ou *infungível*.

Na hipótese de ser *fungível* a coisa, o contrato correspondente será de mútuo, justificando-se o critério classificatório em razão de que esse contrato transfere o domínio da coisa mutuada (Código Civil, art. 1.257), o que não acontece com os contratos para uso de bens infungíveis. O mútuo pode ser oneroso (com juros) ou gratuito (sem juros) – e, evidentemente, aqui está identificado um segundo critério de classificação para esses contratos em geral (a onerosidade).

Já em se tratando de coisas *infungíveis*, mostra-se mais complexa a questão. Estivéssemos no início do século XX, e poderíamos classificar facilmente os direitos pessoais capazes de proporcionar a satisfação da vontade dos sujeitos em relação a obter proveito de coisas infungíveis pertencentes a terceiros; caso o contrato em questão fosse gratuito, diríamos tratar-se de comodato; caso oneroso, seria locação. Esta, se praticada por cidadão em relação a seu patrimônio pessoal, seria regida pelo Código Civil; se praticada por comerciante, regular-se-ia pelo Código Comercial – o que pouco importaria, uma vez que os dispositivos de ambos os diplomas legais a respeito da locação são, praticamente, os mesmos.

No entanto, à medida em que as relações sociais e econômicas se foram tornando mais complexas, e à medida em que tomou corpo o fenômeno da urbanização das populações, a classificação desse tipo de contrato, passou a exigir maior pormenorização, em razão de diferenciações que surgiram quer na forma de sua utilização, quer no trato legislativo.

Inicialmente, observa-se que o desenvolvimento mercantil fez surgir um novo bem, que ficou conhecido como "fundo de comércio", reconhecido como um valor agregado ao "ponto comercial", desenvolvido a partir do trabalho do comerciante junto à sua freguesia. Funcionando o estabelecimento em imóvel alugado, esse "fundo de comércio" passou a levar o inquilino a esforçar-se por não sair do imóvel, o que gerou exploração indevida por parte dos proprietários, que passaram a exigir um pagamento especial para consentir na renovação dos prazos locativos, que ficou conhecido como "luva". Para conter o que o legislador considerou exagerada ganância dos proprietários de imóveis, veio a lume, em 1934, o Decreto 24.150, que ficou conhecido como "lei de luvas", disciplinando a proteção legal dos comerciantes, que por muito tempo permaneciam no mesmo imóvel.

A urbanização, por sua vez, causou carência de imóveis residenciais, com o que os preços das locações se descontrolaram no mercado livre, levando o Estado a intervir com legislações protecionistas, destinadas a conter os preços e assegurar os inquilinos contra o despejo imotivado: a seqüência das chamadas "leis do inquilinato". Tudo isso veio a desaguar em legislação específica hoje vigente, aplicável à locação de imóveis urbanos. Quanto aos imóveis rurais, por sua vez, também há a levar em conta as determinações específicas que foram introduzidas no Estatuto da Terra.

Portanto, qualquer tentativa atual de classificação dos contratos onerosos para uso de coisa alheia infungível teria que destacar capítulo à parte para as locações imobiliárias, uma vez que sua disciplina jurídica é própria e distinta daquelas que regem a locação de bens móveis.

Por muito tempo essa divisão classificatória – locação imobiliária e locação de bens móveis – foi satisfatória para os contratos de uso oneroso de bem alheio infungível. Quanto à locação de bens móveis, na realidade, as normas vigentes continuam a ser as mesmas vetustas disposições de 1850 (Código Comercial) e 1916 (Código Civil), muito embora fosse possível construir toda uma tese de pesquisa sobre os acrescentamentos trazidos seja pelos usos e costumes, seja pelos pretórios.

Convém lembrar que a locação de bens móveis praticada por particulares – aquela que seria mais apropriadamente regida pelo Código Civil – ocorre em nível desprezível. No entanto, enquanto atividade econômica, a locação de bens móveis teve notável desenvolvimento na economia, florescendo empresas a ela dedicadas. São comuns as locadoras de automóveis, de equipamentos de construção, de equipamentos de som e imagem, enfim, da mais variada gama de coisas.

Na verdade, a circunstância de ser esse um reconhecido e específico ramo de atividade econômica já é suficiente para suscitar a identificação de características diferenciadoras (em relação às locações tradicionalmente regidas pelo Código Civil), de relevância jurídica suficiente para que mereçam estes contratos ser classificados em uma categoria própria, que poderia ser chamada "locação-serviço". Não é objeto deste estudo debruçarmo-nos sobre as *nuances* próprias dessa categoria contratual; mas pouco esforço será necessário para reconhecer que, efetivamente, o negócio de alugar coisas (relação em que o pólo ativo é ocupado por um negociante com objetivo de lucro e o pólo passivo por um consumidor do serviço) precisa merecer um tratamento jurídico diferente do que merece a relação jurídica de locação estabelecida entre pessoas singulares, da maneira tradicional, sob a égide do Código Civil.

6. *"Leasing": locação financeira (ou arrendamento financeiro)*

De fato, na análise jurídica de um determinado instituto, parece-me curial, nos dias atuais, que o analista se preocupe, sempre, com a seguinte questão: trata-se de um instituto voltado para a atuação individual dos sujeitos de direito, ou trata-se de um instituto apto a ser utilizado como documento básico de uma atividade econômica?

Isso porque a dinâmica jurídica atual faz cada vez maiores diferenças entre as relações simplesmente pessoais e aquelas, como as que decorrem das atividades econômicas, em que relacionamentos semelhantes se formam entre a empresa que a ela se dedica e a sua clientela. Quando se cuide deste tipo de relacionamento, a análise deve, necessariamente, levar em conta fatores como a diferença de potencial econômico entre as partes e o grau de negociabilidade deferido à clientela na formação dos contratos com o negociante. De tais definições decorrem conseqüências jurídicas próprias e distintas daquelas em que o contrato se forma pela maneira tradicional da lei civil – proposta, negociação, redação, formalização.

Nas hipóteses em que se constata o exercício, por uma das partes, de uma atividade econômica para a qual determinado tipo de contrato serve de instrumento, a dinâmica do acordo de vontades segue outro caminho: o negociante oferece, em seu ramo, determinado tipo de negócio ou de operação, à qual se dedica, e o cliente que o procura já se depara, por força mesmo da característica negocial da atividade da outra parte, com um contrato ou, pelo menos, com uma base contratual pré-elaborada. A própria velocidade do ritmo econômico moderno impõe isso.

Na dicção de Antônio Junqueira de Azevedo,[6] os elementos de qualquer negócio jurídico (que, naturalmente, traduzem-se nas cláusulas dos respectivos contratos) classificam-se em "gerais", "categoriais" e "particulares". Gerais são aqueles elementos próprios de todo e qualquer negócio; categoriais, os que definem o tipo de negócio, segundo seu gênero e espécie; e particulares, os que se estabelecem individuadamente a cada negócio concreto, expressando, pois, a vontade específica manifestada pelas partes devidamente identificadas em cada contrato.

Assim, quando um determinado setor de atividade econômica adota um "modelo" preestabelecido de contrato, estará, certamente, definindo previamente os elementos genéricos e categoriais do negócio em questão; eventualmente, poderá também preestabelecer os elementos particulares de cada negócio. Nesta última hipótese, teremos o típico contrato de adesão, posto que apenas uma das partes contratantes estabelece integralmente todos os elementos negociais, aos quais a outra parte só pode ou aceitar, ou não negociar.[7]

---

6. Junqueira de Azevedo, *Negócio jurídico – Existência, validade e eficácia*, p. 49.
7. Ter sempre em mente a distinção entre cláusulas genéricas, categoriais e particulares é, hoje, essencial na boa técnica de interpretação dos contratos, dado o tratamento especial que tanto a doutrina quanto a jurisprudência vêm emprestando à exegese dos chamados "contratos de adesão". As cláusulas genéricas e as categoriais não são determinadas por qualquer das partes, e, sim, pelo gênero e pela cate-

A literatura majoritária situa o surgimento do *leasing*, ao menos enquanto atividade econômica,[7a] no fim da primeira metade do século XX, nos Estados Unidos em esforço de guerra, quando um cidadão percebeu que podia ganhar dinheiro fornecendo a utilização temporária de equipamentos para indústrias ocupadas em fabricar o que a guerra consumia.[8] No Brasil, esse instituto somente veio aportar na década de 70, inicialmente por iniciativa dos próprios agentes econômicos. No universo legislativo, adentrou por meio da Lei 6.099, de 12 de setembro de 1974, primacialmente como um instrumento para renovação e desenvolvimento do parque industrial e dos equipamentos comerciais, assim como instrumento de redução do capital imobilizado dessas empresas, favorecendo a aplicação de recursos próprios como capital de giro.

O instituto recebeu entre nós um nome a meu ver inadequado: "arrendamento mercantil", uma denominação que utiliza um simples sinônimo (arrendamento) para a palavra consagrada pelo Código Comercial (locação), mantendo o qualificativo "mercantil", também adotado pelo mesmo diploma.

Evidencia-se que a preocupação do legislador, a qual à época refletia uma preocupação (existente até hoje) dos operadores do sistema, foi a de atribuir ao instituto uma denominação que indicasse ser ele distinto do que até então se fazia em termos de atividade econômica baseada na locação de bens. O escopo, no entanto, a meu ver não foi alcançado, exatamente porque a alteração ocorreu no substantivo (arrendamento, ao invés de locação) e não no adjetivo (mercantil). Ora, é o uso dos adjetivos corretos que melhor contribui para destacar diferenças entre coisas semelhantes.

Melhor teria sido, pois, por razões que adiante espero deixar esclarecidas, denominar o contrato de "locação financeira" (nome

goria de contrato de que se trata. Portanto, somente existe verdadeiro contrato de adesão quando uma das partes estabelece sozinha as cláusulas *particulares*, só dispondo a outra parte das opções de aceitar o pré-escrito ou deixar de contratar (e, às vezes, nem isto, como é caso, por exemplo, dos contratos para fornecimento de energia elétrica).

7a. A atenuação do dogmatismo desta colocação, relativamente ao teor da primeira edição deste livro, deve-se à acolhida que faço da crítica formulada pela Dra. Sabina Cavalli, minha debatedora em seminário realizado na Escola da Magistratura do Estado do Ceará.

8. Conferir o resumo histórico em José Augusto Delgado, *"Leasing", doutrina e jurisprudência*, pp. 32 e ss.

consagrado internacionalmente), ou, com o objetivo de acentuar mais a natureza *sui speciei* do negócio, chamá-lo de "arrendamento financeiro", utilizando um adjetivo capaz de, efetivamente, indicar a qualidade inerente a esse tipo de relação jurídica.

A Lei 6.099/74, supra mencionada, não chega a mostrar preocupação com a natureza jurídica do instituto, mas, principalmente, com conseqüências tributárias de sua utilização, para arrendador e arrendatário. Para perquirir a natureza jurídica, é necessário recorrer ao próprio sistema jurídico, razão pela qual iniciei por tentar traçar um panorama dos institutos cujas características me pareceram importantes para a análise a ser feita.

Quero notar desde logo que estou absolutamente convencido de que o fator determinante da vontade do arrendatário em relação ao bem objeto do *leasing* não é regido nem pela intenção de simplesmente consumir, nem pela de, simplesmente, acumular patrimônio, mas, sim, pela intenção de obter, desse bem, outros bens ou vantagens que ele pode proporcionar. Essa conclusão pode ser tirada do próprio direito positivo, pois a Lei 6.099/74 diz que o negócio jurídico em questão é aquele "realizado entre pessoa jurídica, na qualidade de arrendadora, e pessoa física ou jurídica, na qualidade de arrendatária, e que tenha por objeto o arrendamento de bens adquiridos pela arrendadora, 'segundo especificações da arrendatária e para uso próprio desta'". A intenção de uso do bem, portanto, deve estar indispensavelmente presente no momento da formação da vontade que resulta em negócio de *leasing*.

Na versão inicial da Lei 6.099, o instituto somente serviria para bens que proporcionassem produção industrial ou comercial: isso ficava claro já no artigo 1º, parágrafo único, da lei, que exigia que fossem pessoas jurídicas tanto o arrendador como o arrendatário. Posteriormente, a Lei 7.132, de 26 de outubro de 1983, modificou esse parágrafo único, passando a permitir que o arrendatário pudesse ser pessoa natural.[9]

Mas as normas regulamentares, consubstanciadas na então vigente Resolução 980 do Conselho Monetário Nacional, deixavam claro que essas pessoas naturais, com acesso ao negócio jurídico chamado *leasing*, seriam as pessoas produtivas: comerciantes indi-

---

9. A expressão "pessoa natural" me parece mais correta do que a expressão "pessoa física", conquanto esta última se tenha tornado mais comum.

viduais, prestadores de serviços autônomos, profissionais liberais, que poderiam fazer contratos tendo por objeto instrumentos de sua atividade econômico-profissional.

Em 1996, a Resolução 2.309, do mesmo Conselho Monetário, que revogou as anteriores sobre o mesmo assunto, passou, entre outras coisas, a permitir a utilização do *leasing* mesmo quando o objeto do contrato não seja vinculado a uma atividade produtiva.

Há quem veja nessa mudança um verdadeiro "desvirtuamento" do *leasing*. Mas não é verdade: o que houve foi simplesmente uma evolução, nem bem do instituto em si, mas da política oficial de crédito, uma vez que esta é que é objeto da atuação do Conselho Monetário.

Isto porque, na realidade, o *leasing* não é exclusiva e necessariamente um instrumento jurídico para o arrendamento de bens de produção: é, sim, um dos instrumentos jurídicos aptos a proporcionar a satisfação daquela vontade de aproveitar o que o bem, objeto dele, pode proporcionar. Ele pode proporcionar: utilidade, satisfação de uma necessidade, ou mesmo um prazer. Nas suas primeiras versões, o *leasing* servia para satisfazer apenas as necessidades produtivas do arrendatário; atualmente, o Conselho Monetário Nacional (que, aliás, pode, em mudança de política de crédito, modificar isso) permite que sirva, esse instituto, também para satisfazer desejos de mera utilidade ou até de simples prazer.

Há quem considere que "no fundo" o que o arrendatário "quer" equivale a comprar o bem pagando por mês, e faz isso através do *leasing* porque lhe pareceu vantajoso. A afirmativa, no entanto, parece-me gratuita. Na realidade, mesmo quando compra o bem no final do contrato, pagando o valor residual, o arrendatário, na enorme maioria dos casos, já está é pensando em vendê-lo, porque se interessa por um outro mais novo ou mais moderno. Está optando pela compra porque terá celebrado valor residual menor do que o de mercado, muitas vezes já caucionado no próprio contrato, e ele vai ainda lucrar alguma coisa na revenda.

Mas, de regra, não está comprando para formar patrimônio, e isso pode ser comprovado verificando-se a natureza dos bens que são, de maneira amplamente majoritária, objeto desses contratos: automóveis, computadores, equipamentos – em suma, bens que se caracterizam por proporcionar sempre uma utilidade, além de não serem bens apropriados para acumulação de patrimônio, posto que se desgastam, seu valor tendendo a zero com o tempo. São os chamados bens de consumo durável: duram, mas seu destino final será ou um museu (no caso das raras peças que se tornam "de colecionador") ou a sucata.

O móvel de sua vontade, portanto, era mesmo o uso daquele bem durante o tempo em que ele melhor serve.

O *leasing* imobiliário – que é de utilização pouco expressiva –, poderia ser visto como uma exceção, posto que, se exercida a opção de compra ao final do prazo de arrendamento, o arrendatário estaria, sim, formando patrimônio; na realidade, porém, mesmo no *leasing* imobiliário há de estar presente o desígnio de colher utilidade do bem, durante o prazo de arrendamento. Sem a presença deste desígnio, o contrato se mostra menos adequado, por não preencher inteiramente as características para ele definidas no § 1º, do artigo 1º, da Lei 6.099/74.

Não hesito, portanto – e não apenas por questões metodológicas –, em descartar o *leasing* como "misto de locação e compra". Também não tenho receio de dizer que não concordo com a classificação que se serve da idéia de "financiamento", primeiro porque esta, como já acentuado, não é uma noção jurídica, mas um fenômeno da economia; depois, porque essa conceituação, por si só, não é suficiente para deixar clara a natureza jurídica do negócio.

Se, ao falar de "financiamento", o intérprete estiver pensando em "mútuo", a classificação é ainda mais inadequada, porque o objeto dos contratos de mútuo é, sempre, um bem fungível, ao passo que os contratos de *leasing* têm por objeto um bem infungível.

E, finalmente, descarto a idéia de que o *leasing* seja um "negócio jurídico indireto", em que as partes utilizam uma forma contratual nominada para obter resultado diverso do que dela normalmente decorreria (a aquisição de propriedade através de um contrato de locação); isso porque, a meu ver, em regra é mesmo o acesso à utilidade do bem, e não à sua propriedade, o que origina a manifestação de vontade das partes no contrato.

Na realidade, o *leasing* é, para o arrendador, um contrato de fruição (que lhe proporciona frutos civis do seu patrimônio), e, para o arrendatário, é um contrato de utilização, embora compreenda uma possibilidade de aquisição da propriedade, no final, pelo valor residual (vide n. 8, abaixo).

Como "encaixar" esse contrato no quadro sistemático jurídico adotado no Brasil? Bem, com certeza o contrato nominado tradicional de que ele mais se aproxima é a locação. A venda e compra não serve, porque tem natureza real, e o *leasing* não tem. A promessa de venda e compra também é inadequada, porque tem natureza de pré-contrato, e seu objeto é conferir ao promitente o direito a uma nova manifestação de vontade futura, o que no *leasing* também não ocorre (a opção final de compra não é objeto do contrato, e depende de uma nova manifestação de vontade, tanto do arrendador quanto do arrendatário). De mútuo, também, não cabe falar, porque o objeto do *leasing* é um bem infungível, e o mútuo aplica-se a bens fungíveis.

No *leasing*, a circunstância clara de se tratar de um contrato que tem por objeto a utilização, pelo arrendatário, por certo tempo e mediante paga, de um bem do arrendador deixa absolutamente evidente que estão presentes todos os elementos que caracterizam a locação tradicionalmente definida quer no Código Comercial, quer no Código Civil.

As semelhanças, no entanto, param por aí. A verdade é que o *leasing*, servindo-se embora da estrutura da locação tradicional, ostenta características categoriais próprias, dotadas de efeitos jurídicos relevantes, que permitem dizer que se trata de uma espécie distinta e própria de relação jurídica. Essas características – que, enquanto conjunto, estão presentes em todos os contratos de *leasing*, mas não em outros contratos –, serão analisadas em seguida.

4
CARACTERÍSTICAS CATEGORIAIS DO "LEASING"

7. Características substanciais: distinção subjetiva e distinções objetivas. 8. Características derivadas: valor residual garantido, opção de compra, opção de renovação. 9. Peculiaridades do "leasing" imobiliário. 10. Peculiaridades do "leasing" operacional. 11. Definição do contrato de "leasing".

7. Características substanciais: distinção subjetiva e distinções objetivas

As características próprias do contrato de *leasing*, que o tornam uma categoria específica de negócio jurídico, são de duas naturezas.

Em primeiro lugar, há que considerar uma distinção de natureza subjetiva: o arrendador deve, necessariamente, ser uma empresa inserida no sistema financeiro,[10] ou seja, deve ter suas atividades compreendidas no sistema de captação e aplicação das poupanças monetárias. No Brasil, essas empresas se estabelecem e funcionam mediante autorização, sob controle e sob fiscalização da autoridade monetária: assim deve ocorrer necessariamente com as empresas que se queiram dedicar ao *leasing* como atividade econômica.

A relevância jurídica dessa realidade reflete-se nas características objetivas da operação, que serão analisadas adiante; e também se revela em restrições administrativas incidentes sobre a liberdade de contratar das partes, resultantes de regras impostas pela autorida-

---

10. Pode-se vislumbrar na economia a existência de dois grandes sistemas: o sistema de produção e distribuição de bens e serviços e o sistema de captação e aplicação de poupanças monetárias. Este último é o *sistema financeiro*, dentro do qual se devem inserir as empresas dedicadas à atividade econômica conhecida como *leasing*.

de monetária, fruto do interesse público na regulamentação e controle do sistema financeiro. Os negócios, portanto, devem adequar-se às manifestações desse interesse público, não podendo as partes derrogar as regras administrativas incidentes.

Objetivamente, três são as características substanciais que qualificam a operação, e a distinguem claramente como espécie. Essas características estão vinculadas ao fato de se tratar aqui de uma atividade do sistema financeiro, e são, também, interdecorrentes entre si.

A primeira delas diz respeito à escolha do bem que será objeto do contrato. Como o arrendador é uma empresa do sistema financeiro, ocupa-se, como todos os operadores desse sistema, de captar e aplicar poupanças monetárias, e não – como acontece com as empresas simplesmente locadoras de bens – de fazer estoque de coisas que serão oferecidas ao mercado para alugar.

No *leasing*, é o arrendatário quem escolhe, com absoluta exclusividade, o bem que será objeto do contrato, cabendo ao arrendador adquiri-lo segundo as indicações e especificações que lhe serão feitas, que incluem o próprio fornecedor da coisa.

Dessa primeira característica objetiva decorre logicamente a segunda: uma vez que o objeto do contrato não é de escolha do arrendador, mas sim do arrendatário, as partes devem estar, desde logo, cientes de que a relação de arrendamento, via de regra, será única, e não múltipla, ou seja, ao contrário do que ocorre com as empresas simplesmente locadoras de bens, onde a multiplicidade de contratos sobre o mesmo bem é a tônica, no *leasing* a regra é que apenas uma vez seja celebrada, sobre cada bem, relação de arrendamento; encerrada essa relação jurídica, seguir-se-á, necessariamente, a alienação do bem por parte do arrendador, uma vez que não é do seu negócio receber de volta a coisa e oferecê-la para nova locação a terceiros.

Como corolário das características anteriores, a terceira distinção objetiva acaba por ser, na prática, a mais relevante de todas, e a que melhor distingue o *leasing* dos demais negócios jurídicos, que têm como objeto fundamental o uso de coisa alheia mediante paga: é a formação do preço através de uma equação financeira, e não através da regra de oferta e procura de bens para alugar.

Uma equação estabelece a igualdade entre dois conjuntos de grandezas. Ao celebrar um contrato de *leasing*, o arrendador incorpora a seu patrimônio uma coisa e uma renda (primeiro conjunto de grandezas), que, para que seja viável a sua atividade negocial, deve equivaler ao capital empregado, acrescido de seu custo financeiro e do lucro bruto que essa atividade deve produzir. Este lucro bruto irá cobrir os custos administrativos, os custos tributários e as provisões de inadimplemento, e proporcionar o lucro líquido da operação.

É preciso lembrar, aqui, uma das primeiras lições de aritmética elementar, aprendida ainda das professoras do curso primário: não é possível somar coisas diferentes entre si (não dá para somar laranjas com maçãs). Para que a equação do contrato funcione, portanto, será necessário atribuir um valor à coisa que é objeto dele (de maneira a permitir a soma do valor da coisa com o valor da renda: dinheiro com dinheiro).

Essa atribuição poderá ser feita mediante simples estimativa (ver: *leasing* operacional, n. 10, *infra*) ou mediante estipulação contratual (ver: valor residual garantido, n. 8, *infra*). À evidência, o valor que comporá a equação não é o preço pelo qual o arrendador compra a coisa, mas o valor que ela terá ao final do prazo de arrendamento, considerado o tempo decorrido, o desgaste, a obsolescência, as variações de mercado etc.

O preço mensal do arrendamento, portanto, será sempre fruto direto dos elementos negociados pelas partes no momento da formação do consentimento. É fácil compreender que quanto maior for o valor residual atribuído ao bem, menor será o valor das contraprestações, que também aumentarão ou diminuirão de acordo com o volume de capital empregado, os custos financeiros incidentes, o valor dos tributos e o próprio prazo (quanto maior o prazo do contrato, menor o preço periódico do arrendamento)

As características concretas que distinguem o *leasing*, e o tornam uma espécie própria de negócio, inteiramente distinta das demais espécies de relação jurídica que têm por objeto o uso temporário de coisa alheia mediante paga são, pois, em resumo, as seguintes: trata-se de negócio feito necessariamente com empresa do sistema financeiro, tendo por objeto um bem de escolha exclusiva do arrendatário e não do arrendador, sobre o qual será, via de regra, celebrada uma única relação jurídica de arrendamento, formando-se o respectivo preço não de acordo com a oferta e procura de bens para alugar, mas mediante a aplicação de uma equação que assegure o equilíbrio financeiro da operação.

8. Características derivadas: valor residual garantido, opção de compra, opção de renovação

Das características concretas antes discriminadas derivam outras, que surgem como efeitos daquelas, e que também são próprias da operação de *leasing*, e servem para destacá-la como espécie.

A primeira dessas características derivadas é a estipulação de um valor residual no contrato. Como já visto, o contrato de *leasing* tem como objeto um bem infungível, sendo, não obstante, uma operação própria de empresa do sistema financeiro; e o preço do arrendamento é estipulado a partir de uma equação matemática.

Como já visto, deve-se considerar aqui o valor pelo qual o arrendador receberá de volta o bem (e é este o valor que deve ser somado ao das contraprestações para os efeitos da equação financeira do contrato) será, pois, apenas um resíduo do preço de aquisição. Daí o nome "valor residual".

A estipulação contratual de um valor residual para o bem é característica própria do chamado *leasing* financeiro (ver: *leasing* operacional, n. 10, *infra*). Trata-se de uma cláusula inserida no contrato, pela qual as partes fixam, desde logo, o valor que o bem deverá ter no fim do período de arrendamento combinado.

Convencionou-se chamar esta estipulação de "valor residual garantido" (VRG); não se cuida, porém, da noção técnico-jurídica de garantia (vinculação subsidiária de um determinado bem – garantia real – ou de um terceiro – garantia pessoal – ao cumprimento de determinada obrigação assumida por uma das partes do contrato). A expressão "valor residual garantido" não significa que exista alguma garantia real ou pessoal subsidiando a efetividade desse valor, mas simplesmente que as partes (arrendador e arrendatário) "garantem uma à outra" que, no final do período de arrendamento, o bem valerá aquele montante desde logo estipulado, nada importando o montante pelo qual pudesse vir a ser efetivamente alienado.

A estipulação contratual de um valor residual, no entanto, não deve ser confundida com o estabelecimento mesmo de um preço para o bem depois de usado. Os conceitos são diferentes. No momento em que contratam um valor residual, as partes estão, entre si, estabelecendo um montante de dinheiro que, somado às contraprestações periódicas, será satisfatório para proporcionar a ambas um resultado financeiro esperado.

O preço em si mesmo, no entanto, é a contrapartida da venda efetiva do bem, após o período de arrendamento. Caso o arrendatário venha a optar pela aquisição da propriedade do bem, evidentemente o valor residual que fora estipulado no momento da formação do contrato servirá como preço dessa compra, pois entre as partes contratantes tem plena validade a estipulação livre de valor que fizeram. Entre elas, pode-se dizer que o valor que contrataram pode transformar-se em preço de compra.

Mas isto apenas se vier o arrendatário a exercer a opção de compra. Se não o fizer, o preço da venda – e, como já visto, em regra a venda certamente ocorrerá – será aquele que for alcançado em livre negociação com terceiros, pois estes, como é claro, não estão em nada vinculados ao valor estipulado pelas partes contratantes. Vale dizer: não acontecendo a opção de compra pelo arrendatário, o preço do bem poderá ser tanto igual, quanto maior ou menor do que o valor residual contratado. Como se vê, não há mesmo identidade entre os conceitos de valor residual contratado e preço de venda final do bem; o que pode é, em determinadas circunstâncias, vir a haver coincidência entre ambos.

Acentue-se que a estipulação de valor residual é livre entre as partes, ou seja, não há nenhum dispositivo legal ou mesmo regulamentar que determine um método qualquer, prefixado, de aferição desse valor residual. É equivocado vincular o valor residual constante do contrato ao valor depreciado do bem – este, sim, resultante da aplicação de quotas mensais de depreciação fixadas pela norma tributária. O índice mensal de depreciação constitui o limite que pode ser lançado pela arrendadora como despesa, na apuração de seu lucro tributável. Trata-se de mera presunção de desvalorização para efeito de cálculo de impostos. A cada depreciação aplicada, diminui o valor contábil do bem; quando este vier a ser vendido (ao próprio arrendatário ou a terceiro), deverá ser oferecida à tributação a eventual diferença a maior entre o preço de venda e o valor contábil depreciado; mas estas conseqüências, de natureza exclusivamente contábeis-fiscais, são as únicas que se deve validamente tirar da autorização legal para depreciar patrimônio, não sendo correto vincular a estipulação de valor residual contratado aos fatores de depreciação permitidos pela norma fiscal.

Ainda como características próprias do *leasing*, e também como derivações das características categoriais definidas no n. 7 *supra*, surge o que a lei chama de "faculdades" do arrendatário, ao final do contrato:[11] as opções de compra ou renovação do contrato.

Já se viu que o direito de propriedade do bem, no *leasing*, pertence ao arrendador. Celebrada com o arrendatário uma relação jurídica que permite a este o uso temporário do bem mediante paga, a obrigação natural (e decorrente do próprio tipo contratual básico) deste último, ao término ou extinção dessa relação jurídica, seria a de devolver esse bem ao seu dono. O contrato de arrendamento gera um título de posse para o arrendatário; cessado o título, por qualquer razão (desde o simples término do seu prazo), surge o dever de restituir a posse ao proprietário.

No entanto, como já explicitamos ao examinar as características categoriais próprias do *leasing*, o interesse do dono do bem sobre ele é apenas derivado do interesse do próprio arrendatário em utilizá-lo. A escolha do bem pertence ao arrendatário, com exclusividade, e o preço do arrendamento obedece a uma equação que assegura ao arrendador um retorno financeiro sobre sua aplicação de capital.

Ora, se é o arrendatário quem escolhe o bem e tem para ele utilidade, é de esperar-se que, findo o período de arrendamento, seu interesse sobre esse bem continue a existir. Assim, é coerente oferecer-lhe alternativas ao cumprimento daquela obrigação natural de devolver a coisa a seu dono: adquirir a propriedade dessa coisa, pagando-a, ou renovar a relação jurídica de arrendamento por um novo período, com isso mantendo o título que lhe permite satisfazer o interesse de uso do bem. Em qualquer destas hipóteses, deve ser respeitada a equação financeira do contrato, de modo a assegurar a satisfação dos direitos e deveres, obrigações e prerrogativas dele emanados.

O contrato de *leasing*, portanto, proporciona às partes possibilidades negociais muito mais amplas do que a simples locação. Ao celebrar tal contrato, as partes levarão em conta, na fixação do preço, as variáveis decorrentes das diversas possibilidades que são oferecidas pela estipulação de valor residual e pelas faculdades de adquirir o bem, ao final do prazo, ou de renovar o arrendamento. O arrendatário pode planejar a aquisição final do bem, estipulando um valor residual baixo para ele (o que resultará em um preço mais elevado para o arrendamento) e mesmo contratando antecipações sobre

---

11. Lei 6.099/74, art. 5º, letra "c".

esse resíduo (ver n. 13, *infra*). Pode, também, planejar a renovação do arrendamento, estipulando, então, um valor residual elevado (e, conseqüentemente, pagando uma renda menor). No final do período, o valor residual estipulado servirá de base para o cálculo das contraprestações para o novo período de arrendamento, sempre mediante a aplicação da equação financeira que determina o preço no *leasing* (sobre a utilização do contrato como instrumento de planejamento tributário, ver capítulo 9, *infra*).

Este leque de possibilidades negociais é o que efetivamente assegura ao contrato de *leasing* o seu "encanto". A flexibilidade que a correta utilização da equação financeira proporciona permite múltiplas alternativas, que servem para dar ao negócio a melhor adequação aos desejos das partes, permitindo a melhor forma de satisfação do interesse na utilização temporária de determinado bem.

9. Peculiaridades do "leasing" imobiliário

A Lei 6.099/74, que, reitere-se, tem preocupação centrada nos aspectos tributários das operações de *leasing*, não faz restrições quanto aos bens que podem ser objeto de tal contrato. Assim, deve-se considerar possível a celebração de *leasing* tendo por objeto qualquer bem passível de uso remunerado por parte de terceiros, mediante a transferência da posse direta do arrendador para o arrendatário, seja esse bem móvel, seja imóvel.

Cabe observar, no entanto, em primeiro lugar, que na hipótese de contrato sobre bem imóvel, a aquisição inicial, por parte do arrendador, deve ser feita mediante escritura pública e registro imobiliário, assim como também deve ocorrer, no final da relação de arrendamento, caso o arrendatário opte pela aquisição do bem.

O contrato de arrendamento mercantil, por sua vez, pode ser celebrado como ato subseqüente lavrado na mesma escritura mediante a qual a arrendadora adquire o bem, notadamente nas operações em que, para reduzir o montante de seu capital imobilizado e obter recursos para capital de giro, o próprio arrendatário figura como vendedor do imóvel que, ato contínuo, irá arrendar (operação vulgarmente conhecida como *lease back*).

Embora não conste dentre as cláusulas obrigatórias previstas em lei, é coerente com a própria natureza do negócio que estes contratos contenham disposição que preserve a sua vigência, inclusive no tocante à opção de compra ou renovação, em caso de alienação do imóvel pelo arrendador. Em face disso, embora não se trate, como já visto, de um contrato de simples locação, também o *leasing* deverá ser registrado junto à matrícula do imóvel, aplicando-se por analogia e por interpretação teleológica o disposto no artigo 167, número 3, da Lei 6.015/73 (Lei de registros públicos).

A questão mais candente, aliás, a respeito de tais operações está vinculada precisamente à semelhança entre as operações de *leasing* e as locações, tendo-se em vista que estas últimas, quanto têm por objeto bens imóveis urbanos, são disciplinadas por legislação própria e específica, que regula as relações entre locador e locatário de maneira peculiar e muito diversa das normas aplicáveis às locações de bens móveis em geral.

Seria, pois, viável supor que, por analogia, também nos contratos de arrendamento mercantil imobiliário devessem ser obedecidas essas regras peculiares, o que implicaria no reconhecimento, por exemplo, da ação de despejo como meio processual adequado em caso de extinção da relação, em direito à renovação baseado na formação de fundo de comércio, e ao qual seriam oponíveis, apenas, o uso próprio do arrendador ou a melhor oferta de terceiro, além de outros direitos e prerrogativas disciplinados na legislação das locações prediais urbanas.

A questão nunca incendiou os Tribunais; isso, no entanto, deu-se mais porque o *leasing* imobiliário nunca foi de utilização muito ampla, não tendo gerado demandas em volume tal que permitisse detectar a formação de corrente pretoriana a respeito. Mas cumpre acentuar que, a partir do advento da Lei 9.514, de 20 de novembro de 1997, a discussão perdeu razão de ser, posto que o artigo 37 dessa lei dispõe que "às operações de arrendamento mercantil de imóveis não se aplica a legislação pertinente à locação de imóveis residenciais, não residenciais ou comerciais".

Dessa forma, excluída a aplicabilidade da legislação específica, resta aplicar, apenas, a genérica, ou seja, às operações de *leasing* imobiliário aplicam-se as regras de uso e posse de coisa alheia, inclusive quanto às situações de esbulho, bem como as normas que disciplinam as obrigações de natureza pecuniária e não pecuniária em geral, elencadas no Código Civil e legislação pertinente.

Ganha especial relevância, na hipótese de se tratar de *leasing* financeiro, o cuidado na estipulação do valor residual. Como é sabido, o efeito do tempo sobre os bens imóveis é muito menor do que sobre os móveis, sujeitos estes a muito maior desgaste e, cada vez mais, a obsolescência acelerada. A fixação do valor residual a ser contratado para o imóvel, pois, deverá ser feita desde logo com vistas muito mais ao que se pretenda para o bem após o período de arrendamento do que com vistas ao seu valor de mercado. O arrendatário que tencione vir a adquirir o bem poderá desde logo buscar a estipulação de um valor residual que lhe possibilite essa alternativa; mas poderá também prever um ou mais períodos de renovação do arrendamento, fazendo uma "progressão", a cada período, no valor residual, até que este alcance montante que torne interessante a compra. No meio-tempo, estará utilizando o imóvel mediante pagamento de renda, ao mesmo passo em que prepara a aquisição dele.

10. Peculiaridades do "leasing" operacional

A Resolução 2.309/96, do Conselho Monetário Nacional, que reestruturou as normas administrativas aplicáveis às operações de *leasing*, introduziu uma modalidade a que chamou "arrendamento mercantil operacional", denominação esta que está a indicar uma limitação ao aspecto puramente financeiro do negócio.

Ao prever essa modalidade de operação, o Conselho Monetário na realidade abriu para as empresas por ele reguladas e componentes do sistema financeiro (bancos múltiplos, bancos de investimentos e sociedades de arrendamento mercantil) uma modalidade de contratação mais próxima da que é praticada pelas empresas de locação de bens móveis, mitigando o rigor financeiro dos negócios.

É no entanto preciso anotar que as características categoriais que foram definidas acima (número 7) estão também presentes nestes contratos, dando-lhes feição claramente financeira, ainda que mitigada. As arrendadoras continuam a ser empresas componentes do sistema de captação e aplicação de poupanças monetárias. A escolha do bem continua a pertencer ao arrendatário e não à arrendadora. O contrato é celebrado, em regra, para ser a única relação de arrendamento entre as partes. E a equação financeira está presente na estipulação do preço do arrendamento (que continua a não ser formado a partir do mercado de bens de aluguel, mas a partir do capital empregado pelo arrendador, seus custos e sua renda).

Por isso, não me parece efetivamente correto considerar esta modalidade, que foi denominada "arrendamento mercantil operacional", como uma nova espécie de contrato. Na realidade, trata-se de uma subespécie do *leasing* financeiro, com aspectos peculiares que, mitigando o rigor da equação financeira do contrato, permitem a introdução de pactuações que aproximam o negócio jurídico daqueles praticados pelo mercado de bens de aluguel, sem, no entanto, afastar-se tanto do padrão tradicional do *leasing*, que o transformem numa espécie inteiramente nova, nem aproximar-se tanto dos padrões válidos para as locações comuns, de modo a confundi-lo com estas.

As diferenças básicas que caracterizam esta subespécie de *leasing* são as seguintes: primeiro, o valor do bem a ser considerado na equação financeira é uma incógnita, uma vez que não é permitido prever obrigatoriedade em relação ao valor residual, devendo o preço da opção de compra ser deixado ao livre sabor de mercado.[12] De outra parte, no custo do bem podem ser incluídos "serviços", uma vez que nesta modalidade permite-se ao arrendador que assuma encargos vinculados à manutenção e conservação do bem. No entanto, a somatória das contraprestações não pode ultrapassar 90% (noventa por cento) desse custo. De tudo isso, o que resulta é que a equação financeira continua a existir, mas, ao contrário do *leasing* tradicional, trata-se de uma equação aberta (contém incógnitas cujo valor somente será conhecido *a posteriori*). Ou seja: no momento em que contrata, o arrendador não sabe, exatamente, quanto vai ganhar (ao passo que, no *leasing* tradicional, sabe-o perfeitamente). Seus ganhos dependerão do valor efetivo que o mercado der ao bem, depois de decorrido o período de arrendamento, bem como do montante real que tenha de vir a despender com manutenção e conservação, se a tanto se comprometer – valores estes que não pode, *a priori*, adivinhar. O valor residual, neste caso, não é estipulado contratualmente (não é "garantido"), embora seja certo que o arrendador, ao concordar com o negócio, terá tido em mente uma estimativa desse valor, que ele espera alcançar na futura venda.

12. Isto, na verdade, aproxima a opção de compra de mero direito de preferência em relação a terceiros interessados. Na prática, surgindo um interessado que pague mais do que o arrendatário está disposto a pagar, a oferta daquele deverá ser entendida como "preço de mercado", e o arrendatário terá de cobri-lo se efetivametne quiser exercer sua "opção".

Diante destas características, compreende-se que a autoridade monetária tenha limitado esses contratos a períodos curtos (no máximo, 75% do prazo de vida útil econômica do bem), para diminuir os riscos envolvidos, uma vez que o asseguramento de limites razoáveis de risco e a proteção da liqüidez do sistema como um todo são coisas inerentes ao interesse público, que justifica a atuação da autoridade. Essa também é a razão pela qual estes contratos têm prazo mínimo mais reduzido (noventa dias, contra vinte e quatro meses no *leasing* financeiro): é mais seguro estimar o valor residual a curto do que a longo prazo. E, do mesmo modo, é pela mesma causa que se permite às arrendadoras, no *leasing* operacional, assumir despesas com a conservação e manutenção do bem (para garantir que, no final do arrendamento, ele esteja em bom estado e alcance efetivamente o preço estimado).

11. Definição do contrato de "leasing"

De todo o exposto, poderíamos, então, definir assim o contrato de *leasing*: um contrato de natureza pessoal, principal, não solene, patrimonial, bilateral, oneroso e sinalagmático, cujo objeto é estabelecer a obrigação do arrendador de adquirir e dar em arrendamento, de regra, único, um bem infungível, de escolha exclusiva do arrendatário e para uso deste, por tempo certo pré-determinado, consistindo a sua remuneração na somatória das contraprestações ajustadas com o valor residual do bem, asseguradas ao arrendatário, ao final do prazo contratual, as opções de (*a*) adquirir o bem usado pelo valor residual, ou (*b*) devolver o bem ao arrendador para que seja vendido a terceiro, ou (*c*) renovar o arrendamento por novo período.

5
DIREITOS E DEVERES, OBRIGAÇÕES E PRERROGATIVAS

12. Obrigações não pecuniárias entre as partes. 13. Obrigações pecuniárias entre as partes: contraprestações periódicas e antecipações do valor residual. 14. Responsabilidade perante terceiros: danos da coisa, mau uso, infrações administrativas. 15. Benfeitorias e acessões no bem arrendado. 16. Oponibilidade a terceiros.

12. Obrigações não pecuniárias entre as partes

Como visto, conquanto manifeste juridicamente um financiamento, o contrato de *leasing* na realidade tem por objeto o uso, pelo arrendatário, de um bem infungível de propriedade do arrendador. As obrigações que esse contrato gera para as partes, portanto, não são apenas de natureza pecuniária, pois, na realidade, devem ser consideradas as obrigações e deveres, prerrogativas e direitos concernentes à posse do bem, às modificações que nele podem ser introduzidas e à utilização que dele deve ser feita pelo arrendatário.

O contrato origina para o arrendatário, portanto, obrigação de conservar o bem e protegê-lo contra danos e contra o desgaste que não decorra da utilização normal. É lícito, pois, exigir do arrendatário que faça seguro sobre o bem, para prevenir prejuízos. Também é lícito, pela mesma razão, que, mediante acordo das partes e sem que isso venha a significar uma "venda casada", o próprio arrendador contrate tal seguro, e inclua o respectivo custo no montante do capital empregado na disponibilização do bem para o arrendatário, que vai compor a equação financeira mediante a qual se estabelece o preço do arrendamento.

Uma outra cláusula presente nos contratos de *leasing* puramente financeiro é a que estipula o valor residual do bem (ver n. 8, *retro*). É a que acabou conhecida vulgarmente como cláusula de "valor residual garantido", nome talvez pouco apropriado, uma vez que a utilização do termo "garantido", evoca um possível pacto adjecto de mera garantia de cumprimento de uma obrigação principal. Como não se trata disso, melhor teria sido chamá-la de cláusula de estipulação do valor residual, ou de valor residual estipulado.

Em si mesma, essa cláusula não contém uma obrigação pecuniária (que, no entanto, poderá surgir sob forma de pacto de antecipação do resíduo, como se verá no número 13, abaixo). No *leasing* puramente financeiro, já no momento da própria formação do contrato as partes determinam precisamente o total que o arrendador fará jus a receber pelo seu investimento. Como esse total, conforme já visto, é composto pelas contraprestações de arrendamento somadas ao valor do próprio bem após o período contratado, para que a soma seja possível e as partes conheçam desde logo o montante esperado de retorno é necessário estipular o valor que o bem deverá ter, depois de utilizado.

Não se trata, no *leasing* financeiro tradicional, de mera "estimativa", mas de estipulação contratual, que gera, portanto, direitos e obrigações para as partes. Para o arrendatário, gera o direito de adquirir o bem pagando esse valor estipulado a título de preço da compra, se exercer essa opção. E gera a obrigação de assegurar ao arrendador esse mesmo valor como mínimo a ser recebido na venda do bem a terceiro, caso não opte ele próprio pela compra.

Portanto, na hipótese de o bem não vir a alcançar, na venda a terceiro, o montante que fora combinado entre as partes no momento do contrato, o arrendatário deverá pagar ao arrendador a diferença. Em contrapartida, o arrendador não poderá receber, pelo bem, valor superior ao contratado, ainda que, preferindo o arrendatário não exercer a opção de compra, encontre o arrendador algum comprador que pague mais; nesse caso, a diferença recebida a maior deverá ser restituída ao arrendatário, para que fique assegurado o respeito à estipulação contratual.

No chamado *leasing* operacional essa estipulação prévia de valor residual não pode ser feita, e a equação financeira conterá uma incógnita, somente sendo possível conhecer o montante total do retorno do investimento quando, no final do prazo, o bem for vendido, ao próprio arrendatário que exerça a opção de compra ou a terceiro.[13] Nos termos da Resolução 2.309/96, o preço de venda, inclu-

---

13. Cf. n. 10, *supra*.

sive para exercício da opção de compra pelo arrendatário, deverá ser o "valor de mercado". No entanto, o contrato, necessariamente, deverá esclarecer quais os critérios que serão utilizados para aferir objetivamente esse valor, pois essa é uma exigência constante do artigo 5º, letra "d", da Lei 6.099/74; não basta, portanto, que o contrato estabeleça que o valor será o "de mercado", devendo esclarecer o método de aferição, que poderá ser a consulta a publicações especializadas, o leilão ou mesmo o arbitramento; seja qual for o critério, no entanto, deverá constar necessariamente do próprio contrato e obrigará a ambas as partes.

13. Obrigações pecuniárias entre as partes: contraprestações periódicas e antecipações do valor residual

Tratando-se de negócio que tem como objeto a utilização de coisa alheia mediante pagamento, o contrato de *leasing* conterá estipulação do preço do arrendamento e da periodicidade de sua incidência. Nos termos da Lei 6.099/74, essa periodicidade não poderá ser superior a um semestre (art. 5º, "b"), salvo permissão expressa do Conselho Monetário Nacional (art. 5º, parágrafo único).

Tais contraprestações têm natureza jurídica de fruto civil produzido pelo bem em favor de seu proprietário, e, do ponto de vista econômico, constituem a receita operacional da empresa, por serem rendas oriundas de sua atividade-fim.

Há pois um claro sinalagma entre o valor que o arrendatário paga a esse título e o uso que faz do bem durante o período a que o pagamento se refere, não me parecendo apropriado dizer-se que esses pagamentos contêm também uma "parcela de amortização" do preço do bem. Embora o bem objeto do contrato seja infungível, em termos estritamente econômicos não há identidade absoluta entre o bem que é arrendado, no início da operação, e o que é vendido, no fim dela; é, fisicamente, a mesma coisa, mas a que é vendida foi usada, está desgastada e obsolescida em comparação com a que foi objeto do pacto de arrendamento. O arrendador, pois, adquire um bem novo, e vende um bem usado, pelo valor de resíduo. No meio tempo, recebe a renda (fruto civil) que esse patrimônio produz, em razão da utilização outorgada ao arrendatário.

Nas operações de *leasing* financeiro puro, como já visto, o contrato estipula, também, qual deverá ser o valor residual que o bem deverá ter ao final do prazo de arrendamento, constituindo o montante assim pactuado uma parte integrante do acordo de vontades, e compondo a equação financeira que irá estabelecer o preço periódico a ser pago pela utilização do bem.

Situações concretas vieram a dar causa a que as partes passassem a combinar, no contrato, antecipações feitas pelo arrendatário sobre esse valor residual: é o caso do arrendatário que, interessando-se por um bem que valha, por exemplo, mil unidades monetárias, dispõe de poupança pessoal no valor de duzentas, e se interessa em participar, com esse capital, na composição do montante total a ser utilizado pelo arrendador na compra do bem. Com essa participação do arrendatário, o arrendador irá aplicar apenas oitocentas unidades monetárias em recursos captados no mercado, assim reduzindo o custo da operação, e a equação financeira deverá refletir matematicamente essa redução, resultando em preço mais baixo para o arrendamento. Ou seja: o valor da contraprestação mensal, quando o contrato preveja antecipações sobre o valor residual garantido, deve ser reduzido, com exatidão matemática, para refletir com absoluta precisão o efeito financeiro das antecipações combinadas, de modo a evitar qualquer prejuízo para o arrendatário que efetua a antecipação.

Em outro exemplo concreto – a ampla utilização que a operação de *leasing* encontrou na comercialização de automóveis –, tornou corriqueiras as situações em que o arrendatário obtém, junto ao fornecedor do veículo novo, que este adquira o seu veículo antigo, descontando o valor deste no preço daquele.

Para que o contrato de arrendamento seja possível, no entanto, o arrendador tem de adquirir o bem pelo seu preço integral, pois não poderá estabelecer um "condomínio" com o arrendatário, já que essa situação inviabilizaria a operação.

De outra parte, é evidente que as antecipações sobre o valor residual são do interesse do arrendador, uma vez que reduzem o capital que ele precisa disponibilizar para a compra do bem, e diminuem, conseqüentemente, o risco do negócio, muitas vezes até tornando-o viável do ponto de vista da análise da capacidade de pagamento do arrendatário.

A forma encontrada pelo mercado para acomodar esses interesses concretos foi a estipulação de antecipações sobre o valor residual, o que, no entanto, levou alguns intérpretes a afirmar que a inclusão de tal condição no contrato "desvirtua" o *leasing* e o transforma em simples compra e venda a prazo, ou, quiçá, em mútuo com garantia real.

Essas interpretações não são corretas. Não é apropriado proceder a uma "metamorfose contratual", desrespeitando a vontade efetivamente manifestada pelo arrendador, para modificar a própria natureza da contratação, celebrada como arrendamento, a fim de considerá-la coisa inteiramente diversa – como é a compra e venda ou o mútuo –, para, dessa espécie de mágica transformação, deduzir conseqüências jurídicas que, na verdade, não estiveram presentes na formação da vontade das partes.

Como visto, o interesse em antecipar parcelas do valor residual combinado surge a partir de aspirações legítimas, que representam vantagem tanto para o arrendatário como para o arrendador. De outra parte, não se vislumbra como essas antecipações possam prejudicar interesses públicos ou coletivos. Diante disso, constata-se que se trata de ato perfeitamente lícito, uma vez que não causa dano nem a indivíduos, nem a coletividades ou à sociedade. Não há razão, então, para anatematizar as antecipações de valor residual, sob o falso argumento de que, presentes elas, o contrato "vira" outra coisa e as conseqüências jurídicas dele não poderão mais ser as nele mesmo previstas.

É, no entanto, necessário dar a essas antecipações o tratamento jurídico adequado. Elas não podem representar pagamento do preço de opção de compra, pois isto equivaleria a antecipar o exercício dessa opção, contrariando a lei; além disso, se tais antecipações fossem pagamento da compra, o arrendatário passaria a proprietário ou, pelo menos, co-proprietário do bem, rompendo a lógica do contrato.

Como é lícito, nos contratos de *leasing* financeiro puro, pré-estipular o valor residual que o bem deverá apresentar no final do período de arrendamento, e como essa estipulação obriga às partes, as antecipações podem ser tratadas no contrato como caução em dinheiro para garantir o cumprimento desse pacto contratado. E, embora não haja na Lei 6.099/74 nenhum dispositivo disciplinando essas antecipações, nada impede às partes de as inserir no contrato, uma vez que não há nelas ilícito algum. Fazendo-o a título de caução (portanto, garantia), não fica ofendida a lógica jurídica do instituto, aliando-se a correção técnica à conveniência das partes e à licitude do desígnio.

E efetivamente se verifica que o tratamento dessas antecipações como depósitos caucionários encontra eco nos dispositivos regulamentares aplicáveis à apuração dos tributos devidos pelas partes (tanto arrendador, como arrendatário): já desde 1984 (27 de julho), portanto há mais de quinze anos, está esclarecido, pela Portaria MF n. 140, que as antecipações, aqui tratadas, serão consideradas "passivo do arrendador e ativo do arrendatário, não sendo computadas na determinação do lucro real". Ora, é evidente que se o arrendatário transferiu o dinheiro para o arrendador, mas o manteve escriturado como seu ativo, enquanto que o outro teve de lança-lo em seu passivo, fica clara a natureza de mero depósito que essa transferência de dinheiro encerra.

Mas é necessário lembrar que a estipulação de antecipações interfere na equação financeira que determina o preço do negócio, devendo elas, pois, ser consideradas como obrigações pecuniárias a serem cumpridas nas datas combinadas, sob todas as conseqüências aplicáveis à mora ou ao inadimplemento. De fato, uma vez estipuladas no contrato, as antecipações nada têm de voluntárias: tornam-se obrigatórias, ainda mais porque têm o efeito de diminuir o valor das contraprestações mensais (renda), razão pela qual o arrendatário que as combinou não pode deixar de as fazer, para que não se comprometa o equilíbrio econômico do contrato.

13A. Substituição do bem arrendado

O fato, induvidoso, de que o objeto do contrato de *leasing* é um bem infungível não significa dizer que esse bem seja insubstituível. Na realidade, a Resolução 2.309/96, do Conselho Monetário Nacional, exige que os contratos contenham cláusula estipulando "as condições para eventual substituição dos bens arrendados, inclusive na ocorrência de sinistro, por outros da mesma natureza, que melhor atendam às conveniências da arrendatária, devendo a substituição ser formalizada por intermédio de aditivo contratual" (art. 7º, inciso VIII).

Como se verifica, a substituição do bem, por outro da mesma natureza, pode ocorrer em duas situações: no caso de sinistro ou por conveniência do arrendatário, esta medida em razão da finalidade para a qual utiliza o bem.

No caso de sinistro, deve-se compreender que este seja indenizável em razão de contrato de seguro. O sinistro que ocasiona o perecimento do bem ocasiona também, em regra, a extinção do contrato, por falta de objeto (ver n. 20, *infra*). Havendo, porém, indenização paga pela seguradora, esta poderá ser utilizada para adquirir um bem substituto, permanecendo em vigor a relação.

Na outra hipótese prevista pela Resolução 2.309/96, atender-se-á à conveniência do arrendatário. Ou seja, a meio do período contratado de arrendamento, o arrendatário passa a interessar-se por um outro bem – por exemplo, porque surgiu no mercado uma nova versão de equipamento mais eficiente para a sua produção. Poderá, nas condições contratadas, pleitear junto à arrendadora a substituição do bem antigo pelo novo, mantida a relação de arrendamento em curso.

É preciso anotar, no entanto, que qualquer substituição dependerá não apenas de que o arrendatário se manifeste nesse sentido, como também de que escolha especificamente o bem substituto, indicando-o ao arrendador da mesma maneira que indicara o bem a ser substituído: o arrendador, vale lembrar, é um agente do sistema financeiro, e não dispõe de "estoque" de bens para arrendar.

Dito isto, fica evidente que o preço que o arrendador deverá pagar pelo novo bem deverá ser compatível com a indenização recebida do seguro ou com o preço pelo qual venha a vender a terceiro o bem substituído. Por certo será muito difícil que esses valores coincidam perfeitamente; resta analisar, pois, quais as fórmulas negociais disponíveis para viabilizar a substituição. Essas fórmulas deverão ser inscritas no contrato, para que seja cumprida a exigência contida no já mencionado art. 7º, inciso VIII, da Resolução CMN 2.309/96.

Evidentemente, se o preço a ser pago pelo novo bem for igual ao valor da indenização ou ao valor de venda do bem antigo, nada muda no contrato, porque nada mudou na equação financeira original. Mas, se houver diferença entre o preço que o arrendador deverá pagar para comprar o bem substituto e o valor para tanto disponibilizado pela indenização securitária ou pela venda do bem substituído, evidentemente essa diferença interferirá na equação financeira original, e essa interferência deverá refletir matematicamente no aditivo contratual que, necessariamente, deverá ser celebrado.

Caso o valor disponível seja *maior* do que o preço de compra do bem substituto, essa diferença deverá necessariamente ser creditada ao arrendatário, seja mediante transferência imediata do seu valor para ele (mantidas, nesse caso, as obrigações pecuniárias que haviam sido originalmente contratadas), seja mediante recálculo das obrigações pecuniárias futuras, para adequá-las à nova realidade financeira da operação.

Já na hipótese de ser maior o preço do novo bem, em relação ao capital disponibilizado pela indenização da seguradora ou pela venda do bem antigo, duas serão as soluções possíveis. Primeiramente, essa diferença poderá ser suportada pelo próprio arrendador: nesse caso, tendo aumentado o capital por ele aplicado no negócio, a equação financeira deverá ser recalculada para estabelecer um novo valor para as obrigações pecuniárias pendentes, refletindo seja no valor das contraprestações, seja no valor residual garantido, conforme seja de melhor conveniência para as partes. Em uma segunda hipótese, poderá essa diferença ser suportada pelo arrendatário: nesse caso, o montante por ele dispendido a esse título deverá ser lançado a seu crédito, como antecipação de valor residual (ver n. 13, *supra*), mantido intacto o valor das demais obrigações pecuniárias pendentes.

14. Responsabilidade perante terceiros: danos da coisa, mau uso, infrações administrativas

Como anteriormente visto, as empresas de *leasing*, no exercício de suas atividades, tornam-se proprietárias dos mais diversos bens, que podem ir desde um avião, ou um equipamento de medicina nuclear, até u'a máquina copiadora de documentos. Em nenhum dos casos, entretanto, cabe a elas, de maneira direta e própria, a escolha do bem que irão adquirir: elas adquirirão a propriedade dessas coisas, não porque as queiram por si mesmas, mas porque têm, antecipadamente, para quem arrendá-las.

Na aferição da responsabilidade por fatos decorrentes da utilização da coisa arrendada, portanto, é essencial que se tenha plena consciência desta particularidade do relacionamento jurídico construído, quer *inter partes*, quer em relação a terceiros em geral, pela contratação de um arrendamento pelos moldes da Lei 6.099/74. A escolha do bem, não apenas genérica, mas especificamente, compete com exclusividade ao arrendatário; a arrendadora adquire o que o arrendatário quer e irá usar.

Essa característica, que é essencial nos contratos de *leasing* regidos pela Lei 6.099/74, torna, também de maneira objetivamente essencial, os arrendatários os exclusivos responsáveis por toda e qualquer conseqüência da utilização dos bens por eles mesmos escolhidos. A denominação "arrendamento mercantil", em razão de inadequada sinonímia (ver *supra*, n. 6), pode levar à confusão, no espírito do intérprete, entre a figura aqui analisada e a locação de bens como atividade econômica própria do setor de serviços, ou a locação mercantil do Código Comercial. Não são, entretanto, equivalentes, como já visto. O locador de bens escolhe, ele próprio, aquilo que vai oferecer em locação; disponibiliza para o arrendatário, pois, o próprio bem em espécie, compartilhando com seu cliente, assim, as responsabilidades decorrentes da utilização da coisa locada. No *leasing*, a empresa arrendadora compõe o sistema financeiro, e disponibiliza para seus clientes recursos monetários, que serão utilizados na aquisição, pela arrendadora, de bens de interesse exclusivo do arrendatário, exclusivamente para serem arrendados para este. Essa diferença é essencial, porque toda a responsabilidade pela utilização do bem deve ser atribuída a quem o escolhe e o utiliza.

No âmbito da responsabilidade civil, cabe lembrar que o direito positivo brasileiro contempla, basicamente, a responsabilidade subjetiva, exigindo a constatação de culpa do agente, quando resulte dano a terceiro, para que venha a caber o direito deste terceiro de ser indenizado. É o que dispõe o artigo 159, do Código Civil ("aquele que, por ação ou omissão voluntária, negligência, ou imprudência, violar direito, ou causar prejuízo a outrem, fica obrigado a reparar o dano").

É fato que se vão disseminando hipóteses em que a responsabilidade pelo dano tem fundamento objetivo, com base no risco do negócio, ou na própria utilização de determinados objetos que contêm potencial danificador, independentemente de serem ou não manejados com perícia e prudência. Não obstante, seja a questão considerada do ângulo subjetivo, seja do ângulo objetivo, não há como concluir diferentemente em relação à responsabilidade exclusiva do arrendatário pelos danos causados pelo bem arrendado.

Do ponto de vista subjetivo, é fácil ver, desde logo, que o arrendador não opera o bem, não podendo ser inculpado por negligência, imprudência ou imperícia próprias. Por outro lado, simplesmente não se estabelece, entre o arrendador e aquele que vai, na prática, utilizar o bem, nenhum vínculo jurídico que permita transferir para o primeiro qualquer responsabilidade pela indenização dos danos que esse operador da coisa venha a causar em razão de culpa. No campo da responsabilidade subjetiva, vigora, em relação àqueles que não sejam causadores diretos do dano, o princípio da culpa *in eligendo* ou *in vigilando*, que se traduzem, no direito positivo, no conteúdo do artigo 1.521, do Código Civil; ora, as relações entre o arrendador e o arrendatário, nos casos de *leasing,* não são enquadráveis em nenhuma das hipóteses previstas nesse comando legal.

Certo que a Súmula 492, do Supremo Tribunal Federal,[14] já aplicando a teoria da responsabilidade objetiva pelo risco do negócio, veio a estabelecer que as empresas locadoras de veículos respondem solidariamente com os locatários pelos danos causados por estes. No entanto, é de notar-se que aquela mesma alta corte já pacificou o entendimento de que essa Súmula não tem aplicação quando a relação jurídica em questão for de *leasing,* ainda que tendo por objeto um automóvel.

E essa posição é perfeitamente compreensível, na medida em que ao arrendatário cabe, com exclusividade, escolher e operar a coisa, sem que o arrendador tenha a menor possibilidade de interferir, *in eligendo* ou *in vigilando,* nessa operação. Quer, pois, do ponto de vista subjetivo, quer do objetivo, não há como responsabilizar o arrendador, nos contratos de *leasing,* por danos causados a terceiros na utilização da coisa arrendada.

Maior ainda é a razão para que se negue qualquer responsabilidade do arrendador por infrações administrativas praticadas no uso do bem.

É que a infração administrativa constitui um comportamento inadequado, atribuível a um agente determinado, punível na forma da lei. Nessa conformidade, constitui um ato típico (ou seja, previsto tipicamente pela lei, como ocorre com os crimes), apenas repudiado com menor veemência pelo sistema legal, que o sanciona através de multas, determinações de cessação (fechamento administrativo, apreensão etc.) ou cassações de licença administrativa, quando caso.

Como ato típico, o ilícito administrativo supõe um agente identificado, único apto a sofrer a punição – pois a sanção administrativa não tem outra natureza.

Quando essa punição configura multa pecuniária, implica responsabilidade patrimonial; esta, em algumas circunstâncias, pode-

---

14. "A empresa locadora de veículos responde, civil e solidariamente, com o locatário, pelos danos por estes causados a terceiro, no uso do carro locado".

ria ultrapassar a pessoa do próprio infrator para alcançar terceiros – mas a responsabilização destes terceiros somente pode ocorrer, por questão até de coerência, nas mesmas circunstâncias em que ocorre relativamente aos atos ilícitos em geral: mediante a identificação de um vínculo jurídico entre o agente infrator e o terceiro responsabilizável.

Esse vínculo jurídico deve ser de natureza tal que exponha a existência de elemento subjetivo de intensidade suficiente para a imposição da pena ao terceiro; não existe, no direito brasileiro, responsabilidade penal objetiva, e essa regra deve, por razões sistemáticas, vigorar não apenas em relação às penas criminais, mas também às administrativas, sendo, como são, ambas, instrumentos de coibição de condutas indesejadas pela lei. Assim, somente em caso de clara identificação de elemento subjetivo (culpa), atribuível ao terceiro não-agente, é que se poderia admitir venha este a ser patrimonialmente responsabilizado pela pena pecuniária aplicável à conduta do agente. Essa identificação somente pode ter como fundamento as mesmas regras aplicáveis à responsabilidade civil em geral – ou seja, a constatação de culpa *in eligendo* ou *in vigilando*.

Viu-se, no entanto, que nos negócios de *leasing* a escolha e a operação do bem arrendado são atividades exclusivas do arrendatário, nelas nada participando o arrendador, que apenas adquire a propriedade do bem em razão única e exclusivamente do interesse do primeiro. O arrendador, portanto, não tem a menor possibilidade jurídica de interferir, positiva ou negativamente, na utilização do bem, notadamente quando ocorra em desconformidade com as normas administrativas aplicáveis; o ato infracional, portanto, é inteiramente estranho a ele arrendador; independe de qualquer atuação sua e não pode ser evitado por ele, por nenhum meio porventura a seu alcance. Assim, não existe justificativa jurídica para apenar o arrendador, apenas por ser proprietário do bem, quando o uso deste destoe da regra e constitua uma infração punível.

Essa linha de raciocínio, evidentemente, aplica-se a qualquer tipo de infração administrativa. Mas é interessante notar como a lei dispõe acerca das infrações de trânsito, que são das mais comuns no âmbito ora tratado, e que, dada a enorme proporção de veículos automotores que são objeto de contratos de *leasing*, ostenta especial interesse para a matéria.

O regulamento do antigo Código Nacional de Trânsito, em seu artigo 209, já previa que "aos condutores caberá a responsabilidade pelas infrações decorrentes de atos por eles praticados na direção dos veículos", expondo claramente a norma da responsabilidade pessoal do infrator pela punição. O parágrafo único desse artigo ressalvava que "no caso de não ser possível identificar o condutor infrator, a responsabilidade pela infração recairá sobre o proprietário do veículo". Evidentemente que se cuida, aqui, da responsabilidade patrimonial pelo pagamento da multa pecuniária, e o que a lei fazia era estabelecer uma presunção de que o proprietário do veículo sempre teria, com o seu condutor, um vínculo jurídico de intensidade suficiente para justificar tal responsabilização.

Na mesma esteira, a Resolução 568/80 do Conselho Nacional de Trânsito prescrevia que "estando presente e identificado o infrator, em seu nome será emitido o Auto de Infração" (art. 1º, § 2º); já no que diz respeito, especificamente, à responsabilidade do arrendatário, estava ela reconhecida expressamente no artigo 7º, da Resolução 664/86 do mesmo CONTRAN, que equiparou o locatário ou arrendatário ao proprietário, para os fins do artigo 117 e do parágrafo único do artigo 209 do Regulamento do Código Nacional de Trânsito (*supra* comentado).

O novo Código Brasileiro de Trânsito (Lei 9.503/97) veio a especificar mais apropriadamente o regime de aplicação de penalidades, ao dispor, em seu artigo 257, que as mesmas seriam impostas "ao condutor, ao proprietário do veículo, ao embarcador e ao transportador", definindo, nos parágrafos desse mesmo artigo, as hipóteses de responsabilização de cada um. Da leitura dessas definições verifica-se, por um lado, a preocupação com a obediência ao princípio de punir o efetivo infrator. Isso transparece, em especial, do teor do § 7º, que concede ao proprietário prazo para identificar o condutor, quando a autuação não o tenha feito; somente na falta dessa identificação é que, por presunção, o proprietário passa a ser identificado como o infrator desconhecido.

A questão foi disciplinada pelo Conselho Nacional de Trânsito, especificamente com relação aos veículos objeto de *leasing*, através da Resolução CONTRAN n. 59, de 21 de maio de 1998, que dispõe, em seu artigo 1º: "quando o veículo estiver registrado em nome de Sociedades de Arrendamento Mercantil, o órgão executivo de trânsito deverá encaminhar a notificação da infração de trânsito diretamente ao arrendatário".

15. Benfeitorias e acessões no bem arrendado

Como o contrato de *leasing* implica a posse e uso de bem alheio, é possível que venha a ocorrer, durante sua vigência, o acrescentamento de benfeitorias ou acessões, por parte do arrendatário, a esse bem. Cuida-se aqui, então, de fazer breve análise das conseqüências jurídicas que pode esse evento causar.

Vale inicialmente lembrar que benfeitorias são modificações feitas na coisa, para conservá-la ou evitar que se deteriore (benfeitorias necessárias), para aumentar ou facilitar seu uso (benfeitorias úteis) ou para mero deleite ou recreio (benfeitorias voluptuárias). No caso de coisa objeto de arrendamento mercantil, é evidente que se está cuidando de modificações feitas pelo arrendatário na vigência do arrendamento, ou seja, modificações introduzidas no objeto do contrato, após a celebração deste, e durante seu vigor.

Já as acessões, definidas pelo artigo 536 do Código Civil, constituem não apenas uma simples modificação na coisa, mas um acrescentamento a esta, uma verdadeira coisa nova, perfeitamente identificável e reconhecível, que se acrescenta à original, não apenas introduzindo nela uma simples melhoria, mas modificando-a substancialmente. São acessões a formação de ilhas, a aluvião, a avulsão, o álveo abandonado e as construções e plantações.

No âmbito deste estudo, parece evidente que apenas as acessões decorrentes de construção ou de plantação é que despertarão interesse.

No que diz respeito às benfeitorias, em primeiro lugar é preciso acentuar que aquelas destinadas apenas à conservação do bem, ou a evitar que o mesmo se deteriore (benfeitorias necessárias), são encargo natural do arrendatário, que se obriga, pelo contrato e pela própria natureza da relação jurídica, a manter e conservar o bem na sua integridade. Assim, quanto a estas, mesmo tendo sido realizadas de boa-fé, não geram para o arrendatário qualquer direito, nem de indenização, nem de retenção, já que a ele cabia, mesmo, fazê-las, como obrigação não-pecuniária decorrente do próprio contrato que firmou.

As benfeitorias voluptuárias encontram sua disciplina no artigo 516, do Código Civil: o possuidor de boa-fé que as tenha realizado não tem direito à indenização por elas, mas pode levantá-las – desde que isso não implique em detrimento à coisa. Se o levantamento causar dano à coisa, o possuidor que tenha feito a benfeitoria simplesmente a perde em favor do proprietário.

A questão se incendeia quando se cuida das benfeitorias úteis, ou seja, daquelas que não se limitam a assegurar boa conservação do bem, nem representam mero deleite ou recreio, mas aumentam a utilidade ou facilitam o uso da coisa. Nesta hipótese, no caso do arrendamento (que pressupõe posse de boa-fé), o arrendatário que tenha introduzido benfeitorias úteis tem, em princípio, direito a receber por elas indenização e também tem direito de exercer retenção da posse, enquanto não indenizado (Cód. Civil, art. 516).

Estão assim postas, portanto, as regras gerais a serem aplicadas com relação às benfeitorias que, no curso do arrendamento, tenham sido acrescentadas pelo arrendatário. Estas regras deverão ser observadas quando, terminada a relação de arrendamento, não ocorra a opção pela compra do bem, mas venha este a ser restituído ao arrendador. Primeiro, quanto às benfeitorias necessárias: em regra, não são indenizáveis, posto que destinadas à conservação do bem, que é obrigação do arrendatário. Segundo, quanto às benfeitorias voluptuárias (como, *verbi gratia*, a instalação de aparelhamento sonoro em veículo arrendado): não são indenizáveis, mas podem ser levantadas, desde que este levantamento não ocasione dano ao bem. Terceiro, quanto às benfeitorias úteis (como, *verbi gratia*, a instalação de uma câmara frigorífica à carroceria de um caminhão arrendado): incorporam o bem, ou seja, não podem ser levantadas pelo arrendatário; mas este tem direito de ser indenizado por essa benfeitoria, e tem direito de retenção sobre o bem, até que tal indenização se pague.

Nada obstante, é lícito que o contrato de arrendamento preveja a perda das benfeitorias úteis em favor do arrendador, em caso de restituição do bem, desde que esta cláusula tenha sido claramente objeto da manifestação de vontade, ou seja: as partes, quando contrataram, já sabiam que o arrendatário iria acrescentar uma benfeitoria útil à coisa arrendada, e estipularam que a incorporação de tal benfeitoria ao bem não implicaria direito de indenização. A presunção, nessa hipótese, é de que o sobrevalor decorrente da benfeitoria a ser realizada pelo arrendatário já foi levado em conta por ambas as partes no momento da contratação.

No entanto, segundo me parece, essa estipulação não deve prevalecer, se não ficar claro que as partes estavam perfeitamente conscientes dela no momento da formação do consentimento. Ou seja:

não me parece justo que o arrendatário possa vir a perder o direito de indenização por benfeitorias úteis, com base em cláusula padrão, constante de formulário rotineiramente utilizado pelo arrendador em suas contratações. Para usar o mesmo exemplo acima: se o arrendamento tem por objeto um caminhão, que de antemão as partes sabem que o arrendatário irá converter em caminhão-frigorífico, essa sobrevalorização deve ser levada em conta no momento da formação de vontade. No silêncio do contrato, prevalecerá a disposição da lei, ou seja, a benfeitoria útil deverá ser indenizada pelo arrendador, na hipótese de o bem lhe ser restituído. Para que este direito de indenização não se imponha, será necessário que do contrato conste, com muita clareza, a renúncia do arrendatário a ele.

Já no tocante às acessões, como dito acima, o interesse pela questão surge na hipótese de construção (ou, menos provavelmente, plantação) sobre imóvel arrendado, efetivada na vigência do arrendamento. A regra, no caso, é a incorporação da acessão ao imóvel arrendado, passando o arrendador a proprietário da construção ou plantação acrescentada ao imóvel, garantido ao possuidor de boa-fé o direito de indenização (Cód. Civil, art. 547).

16. Oponibilidade a terceiros

A relação jurídica de *leasing* envolve, relativamente ao bem que é objeto dela, direitos de duas naturezas: para o arrendador, trata-se de direito de propriedade, oponível *erga omnes*, por definição e por expressa disposição legal, independentemente de qualquer outra formalidade.[15]

Já para o arrendatário, o direito de posse por ele exercido, enquanto decorrência do direito de propriedade do arrendador que o

---

15. Salvo quando essa formalidade for exigível à vista da própria natureza do bem: o registro imobiliário, quanto aos imóveis, e o registro no departamento de trânsito, quanto aos automóveis e demais veículos, por exemplo. Mas este último registro não é formalidade necessária para a aquisição da propriedade, e sim, apenas, uma condição legal para que o bem possa entrar em circulação automotora. Apenas está obrigado a efetuar o registro aquele que adquira o veículo para fazê-lo circular (e não os fabricantes e revendedores). Mas mesmo esse adquirente, se não proceder ao registro no prazo legal, poderá ficar sujeito a sanções administrativas (multa e proibição de circular nas vias públicas), mas não perderá nem o direito de propriedade, nem a possibilidade de vir a efetuar o registro, mesmo tardio.

concede, também é, em si mesmo, oponível a terceiros. Somente o proprietário (arrendador) ostenta qualidade oponível ao arrendatário, em relação à posse direta do bem; e o arrendador está adstrito aos termos do contrato que firmou, e que gera a obrigação de assegurar ao arrendatário, enquanto cumpridas as suas cláusulas, essa posse direta.

Os demais direitos e obrigações decorrentes do contrato de *leasing* formam-se e cumprem-se entre as partes, valendo plenamente sem qualquer necessidade de registro. O negócio jurídico em questão não está entre aqueles de transcrição obrigatória no Registro de Títulos e Documentos, elencados nos artigos 127 a 129 da Lei 6.015, de 31 de dezembro de 1.973. Assim, os direitos e obrigações decorrentes dos contratos de *leasing* valem entre as partes independentemente de qualquer registro, e valem em relação a terceiros em tudo o que diga respeito ao exercício, direto ou indireto, do direito de propriedade sobre o bem objeto do negócio, também sem que seja necessário registrar.

A única ressalva a fazer-se não está ligada ao objeto principal do contrato, mas a eventuais pactos adjectos de garantia, notadamente depósito ou caução (Lei 6.015/73, art. 129, 2º), as cartas de fiança (idem, idem, 3º), a alienação fiduciária (idem, idem, 5º) e as hipotecas (idem, art. 167, inciso I, n. 2). Note-se, no entanto, que apenas relativamente a estas últimas o registro é indispensável para valer, mesmo entre as partes; no caso das demais garantias elencadas, a falta de registro não impede o seu exercício entre as partes contratantes, mas, apenas, em face de eventuais interesses de terceiros.

6
PACTOS ACESSÓRIOS: GARANTIAS SUBSIDIÁRIAS DAS OBRIGAÇÕES CONTRATUAIS

> *17. Garantias reais: hipoteca, penhor, caução, alienação fiduciária, outras. 18. Garantias pessoais: solidariedade passiva, fiança, aval.*

17. Garantias reais: hipoteca, penhor, caução, alienação fiduciária, outras

Como qualquer instrumento contratual que estipule obrigações a serem cumpridas, os contratos de *leasing* admitem, também, pactos acessórios, que estipulem garantias, reais ou não, das quais poderá o credor lançar mão em caso de inadimplemento.

Não há qualquer restrição a que possam ser utilizadas todas as formas de garantia legalmente previstas. No campo dos direitos reais de garantia, o pacto adjecto vincula determinado bem ao cumprimento das obrigações estipuladas no contrato principal, podendo fazê-lo de forma genérica – ou seja, vinculando a garantia a toda e qualquer obrigação do contrato – ou específica – quando a garantia vincula-se a determinada obrigação contratual, mas não às demais.

O mais comum, nos contratos de *leasing*, é a caução em dinheiro do valor residual estipulado no contrato, feita de uma vez no início da operação ou em parcelas, iguais ou desiguais, ao longo do contrato (v. *supra*, n. 13). A par de constituir uma forma de garantia, este depósito é, também, um útil elemento de negociação, que permite às partes obter vantagens recíprocas, diminuindo o risco do negócio para o arrendador, e diminuindo o valor das contraprestações para o arrendatário, uma vez que, necessariamente, os depósitos que forem efetuados deverão ser levados em conta na equação financeira que irá determinar o preço contratual.

As regras a aplicar, na hipótese de ser necessário lançar mão dessa garantia, são, por via analógica, as atinentes à caução de títulos (Cód. Civil, arts. 789 e ss.), com subsídio das regras que disciplinam o penhor (idem, arts. 768 e ss.).

É de se observar, no entanto, que, em princípio, a garantia é vinculada à estipulação de valor residual para o bem, ou seja: seu objeto principal é assegurar que, no final do arrendamento, o bem, efetivamente, tenha, para o arrendador, o valor que lhe foi estipulado quando da formação do contrato, e cujo montante entrou na composição do preço, resultando em legítima expectativa de recebimento. Não obstante, é lícito, desde que esteja expressamente previsto no contrato, que o montante dos depósitos seja também destinado, em caso de extinção antecipada, para assegurar o cumprimento de outras obrigações contratuais diversas da estipulação de valor residual.

Embora seja essa a garantia real mais comum nas operações de *leasing*, cabe observar que todas as outras estão à disposição das partes: hipoteca, penhor, anticrese e alienação fiduciária – esta última, evidentemente, tendo por objeto um bem *diverso* do arrendado.

18. Garantias pessoais: solidariedade passiva, fiança, aval

No âmbito das garantias pessoais, da mesma maneira, estão todas à disposição das partes para serem pactuadas como acessório dos contratos de *leasing*, cabendo, no entanto, tecer algumas observações, inicialmente, quanto a um expediente que vem sendo utilizado à guisa de garantia, mas que, na realidade, não tem exatamente essa feição, que é a chamada "solidariedade passiva" entre o arrendatário e, por exemplo, o seu sócio-gerente (no caso de pessoa jurídica).

Na realidade, esse expediente (que em certas circunstâncias vem recebendo o aval do próprio STJ) origina-se na dificuldade causada aos negócios do dia-a-dia pela exigência da outorga uxória na concessão de fiança (Cód. Civil, art. 235, III). Assim, nas dívidas contraídas pela pessoa jurídica, passou-se a fazer figurar um ou mais diretores ou gerentes não como fiadores, mas como devedores solidários, sujeitos ao regime dos artigos 904 e seguintes, do Código Civil.

No entanto, se, no caso dos mútuos, essa solidariedade passiva mostra-se viável – pois é possível emprestar dinheiro a mais de uma pessoa em conjunto – no *leasing* há dificuldades a enfrentar, tendo em vista a natureza diversificada do negócio. De fato, a diferença fundamental entre a solidariedade passiva e a prestação de garantia é que, no primeiro caso, o devedor solidário é parte ativa no próprio contrato principal, e no segundo caso não é, constituindo o pacto de garantia um acessório que fica latente, para somente produzir efeitos caso a obrigação principal seja inadimplida.

No *leasing*, cuida-se de um contrato cujo núcleo está no uso de coisa alheia mediante remuneração. Torna-se difícil, portanto, compreender como duas pessoas podem solidariamente adquirir essa prerrogativa, em especial quando se cuide de bens de uso de empresas, próprio para a respectiva atividade econômica – ou seja, impróprios para o uso pessoal do "devedor solidário".

Por outro lado, as obrigações pecuniárias decorrentes do contrato de *leasing* estão vinculadas a essa origem (uso da coisa) ou à garantia de valor residual; não se compreende, pois, que eventual solidariedade passiva abranja apenas as obrigações pecuniárias, sem que o devedor solidário seja, também, contratante solidário, ou seja, parte ativa no próprio contrato de arrendamento, e não apenas um garantidor constante de estipulação acessória, destinada a produzir efeitos apenas na hipótese de inadimplemento.

Ora, se resulta das características do negócio que o "devedor solidário" não é parte ativa no contrato principal, mas na verdade é, apenas, um garantidor, de nada adianta utilizar, no contrato, a denominação "solidariedade passiva", nem invocar o regime dos artigos 904 e seguintes do Código Civil, porque a realidade vai se impor, e não será possível fugir da caracterização de uma fiança na qual se procurou, mediante artifícios, evitar a outorga uxória.

A fiança, tipicamente caracterizada (portanto com outorga uxória, se o fiador for casado) é, por sua vez, perfeitamente viável como instrumento adjecto de garantia das obrigações pecuniárias assumidas no contrato de *leasing*. Há, no entanto, que levar em consideração algumas peculiaridades.

Novamente, essas peculiaridades decorrem das características próprias do contrato de *leasing*, que, embora traduzindo um financiamento enquanto fenômeno econômico, tem, em seu núcleo – não é demais repetir – um bem infungível, pertencente ao arrendador, e que será utilizado pelo arrendatário, mediante pagamento.

Já se vê, portanto, que as obrigações do arrendatário, diretamente vinculadas ao bem (seu uso correto, sua restituição ao proprietário quando exigível) não são cobráveis do garante, posto que este não detém posse alguma sobre o bem, nem tem possibilidade de controlar a sua utilização. A garantia, portanto, aplica-se a débitos pecuniários inadimplidos pelo arrendatário, tenham eles origem diretamente em disposições contratuais (contraprestações, antecipações de VRG) ou refiram-se à recomposição de danos causados no bem. Mas o fiador não poderá ser demandado nem para que devolva o bem, nem para que o repare diretamente – apenas para que pague a indenização, pelo bem não devolvido ou pelo bem deteriorado.

Outra questão a considerar diz respeito à sub-rogação que opera em favor do garantidor que paga a dívida garantida. No caso do *leasing*, certamente o fiador que paga se sub-roga no valor dos créditos pagos. Mas não existe aquisição de direito de propriedade por sub-rogação, e, portanto, não é pelo simples pagamento que o fiador adquirirá a propriedade do bem arrendado, nem a legitimidade para exigi-lo do arrendatário.

O arrendador pode, no entanto, alienar o bem ao fiador que lhe paga a totalidade das expectativas de receita que tinha em relação ao contrato. Isso, no entanto, deve ser feito com toda a clareza, atribuindo-se com precisão o montante que o fiador está pagando a título de preço pela aquisição do bem, e procedendo-se, quando exigível, aos registros referentes a essa aquisição (caso de imóveis ou de veículos, por exemplo). A partir dessa clara existência de uma venda e compra tendo o bem por objeto poderá o fiador ou habilitar-se como sucessor processual do arrendador, em ação possessória, ou ajuizar ele mesmo tal ação, ou outra que entenda necessário para assegurar a integralidade do direito de propriedade que adquiriu. Vale lembrar que, no instrumento da compra e venda, deve ficar esclarecido se a posse transmitida pelo vendedor é direta ou se é apenas indireta, cabendo ao comprador valer-se dos meios à sua disposição para integralizá-la.

O aval, por sua vez, guarda semelhanças com a fiança, sendo de se lhe aplicar, de modo geral, as observações acima feitas quanto a esta, e mais a seguinte: trata-se de instituto típico do direito cambial, não sendo apropriado "avalisar" contratos. O aval lançado em contrato é fiança. Para ser efetivamente um aval, com todas as suas características e implicações (inclusive a dispensa de outorga uxória), deve ser lançado em um título de crédito.

É possível e lícito fazer representar por títulos de crédito (notas promissórias emitidas pelo arrendatário, ou letras de câmbio emitidas pelo arrendador e aceitas pelo arrendatário) as obrigações pecuniárias estipuladas em contrato de *leasing*. Também é lícita a emissão de uma nota promissória única, de valor que abranja a totalidade dessas obrigações contratuais, vinculando-a ao contrato mediante pacto de caução. Nestes títulos é viável o lançamento de aval.

Muitos credores lançam mão do expediente de exigir a emissão de uma Nota Promissória em branco, avalisada, o que implica outorga de mandato tácito para o respectivo preenchimento, caso seja necessário lançar mão da garantia, com o valor do débito em aberto. Embora não se vislumbre propriamente uma ilegalidade em tal prática, tornou-se ela anatematizada como abusiva, por entregar ao credor um poder unilateral de criação de título executivo contra o devedor. Não há dúvida de que essa outorga de poder existe; no entanto, a mim pareceria mais correto anatematizar apenas o eventual abuso dessa prerrogativa, e não a sistemática como um todo. No entanto, trata-se de opinião vencida pela maioria das manifestações pretorianas.

7

EXTINÇÃO ANTECIPADA
DA RELAÇÃO JURÍDICA

19. Conseqüências obrigacionais em geral. 20. Inocorrência de culpa da parte. 21. Ocorrência de culpa da parte.

19. Conseqüências obrigacionais em geral

Como visto, o contrato de *leasing* constitui-se, fundamentalmente, em uma relação jurídica mediante a qual o arrendatário recebe o direito de utilizar um bem do arrendador, por prazo certo, mediante um preço cuja formação obedece a uma equação financeira. É um contrato que se estende no tempo, anotando-se, ainda, que por imposição da autoridade monetária, esse tempo não pode ser inferior àquele determinado pela norma do Banco Central do Brasil.

Isso ocorre porque os prazos mínimos estabelecidos para os contratos de *leasing* relacionam-se com o tratamento tributário da atividade, com reflexos quer no montante imponível para o arrendador quer para o arrendatário. Em face desse interesse do Fisco, não é dado às partes nem contratar por prazo menor, nem reduzir, por entendimento posterior, o prazo fixado contratualmente; em suma, o arrendamento não é retratável ou revogável, e a própria renegociação entre as partes somente é possível desde que não implique redução do prazo contratual mínimo exigido pela norma aplicável.

No entanto, há que reconhecer que poderá extinguir-se antes do termo previsto. Caso esta extinção antecipada ocorra, restarão, como conseqüências obrigacionais genéricas, as decorrentes dos direitos e obrigações assumidos no momento da contratação: o bem deverá retornar à posse do arrendador, e este deverá promover a sua venda, apropriando o montante assim apurado contra as expectativas de receita que lhe decorriam da relação rompida. Feito isso, estará apurando se, em face da antecipação ocorrida, ocorreu ou não um prejuízo contratual.

Esta hipótese de extinção antecipada acontecerá, no plano da realidade, de duas maneiras relevantes básicas: por culpa do arrendatário, ou sem culpa do arrendatário.

20. Inocorrência de culpa da parte

O contrato terminará antes do previsto, sem culpa do arrendatário, nas hipóteses seguintes: primeiro, quando o bem perecer por razão não atribuível a ele. Segundo, quando o arrendatário (pessoa jurídica) falir.[16] Terceiro, quando o arrendatário (pessoa natural) falecer.

No caso de perecimento do bem, compreende-se que, sendo o objeto do contrato o uso de um bem infungível, perecendo este, o contrato se extinguirá por falta de objeto. Falindo a pessoa jurídica (aqui compreendida a declaração de insolvência da que não for comerciante), cabe consultar o síndico (ou liqüidante) que deverá dizer se prefere cumprir o contrato ou não, decidindo conforme o melhor interesse da massa. Morrendo a pessoa natural, igual direito deve ser assegurado a seus herdeiros; mas não se pode obrigar a estes a manter o arrendamento que não contrataram. Assim, se nem o síndico (ou liqüidante) da pessoa jurídica, nem os herdeiros da pessoa natural concordarem em prosseguir a relação, o contrato deve ser extinto, não se podendo atribuir culpa disso ao arrendatário.

21. Ocorrência de culpa da parte

Caracteriza-se esta hipótese quando acontece o inadimplemento de cláusula contratual, seja quanto ao pagamento do preço, seja na falta de antecipação contratada sobre o valor residual, seja quanto ao prazo (quando o arrendatário pretenda devolver o bem antes do

---

16. Convém lembrar que as empresas de arrendamento mercantil estão sujeitas a liqüidação por parte do Banco Central. Nesta hipótese, os contratos dificilmente se extinguirão, porque o liqüidante os cumprirá, recebendo as contraprestações ajustadas e honrando as opções de compra, somente podendo deixar de o fazer mediante clara (e difícil) demonstração de que essa alternativa será mais adequada à efetividade do processo de liqüidação.

tempo previsto), seja, enfim, quanto a outras obrigações fundamentais, tais como falta de pagamento de seguro (desde que prevista a obrigação no contrato), uso ilegal do bem (para transporte de contrabando, por exemplo) etc.

Evidentemente, a hipótese mais comum é a falta de pagamento do preço do arrendamento e demais encargos contratuais. Normalmente o contrato prevê a data e o local dos pagamentos, estipulando basicamente o domicílio do credor, com a possibilidade de ser credenciada toda a rede bancária nacional para receber o crédito. Esta cláusula, que é perfeitamente válida e legal, torna os débitos decorrentes do contrato de leasing dívidas portáveis, cabendo ao devedor saldá-las nos respectivos vencimentos, sob pena de ficar em mora *ex re*, ou seja, sem a necessidade de notificação ou qualquer outra forma de cobrança.

8
QUESTÕES PROCESSUAIS

> 22. Tipos de crises jurídicas. 23. Demandas revisionais (declaratórias e constitutivas): relações civis, de comércio e de consumo. 24. Demandas decorrentes do inadimplemento: possessória, de cobrança, indenizatória; desaparecimento do bem arrendado. 25. Venda do bem na vigência da tutela antecipada. 26. Demandas com terceiros.

22. Tipos de crises jurídicas

As crises jurídicas que levam as partes a demandar podem ter três naturezas: crises de certeza, crises da própria situação jurídica ou crises de adimplemento.

Nas duas primeiras, as partes precisam aclarar ou modificar seu relacionamento jurídico; a demanda, assim, deverá produzir provimento jurisdicional declaratório ou constitutivo. Nas crises de adimplemento, há uma obrigação descumprida: o provimento jurisdicional, então, deverá ser de natureza condenatória ou executiva.

No âmbito dos negócios de *leasing*, dada a sua natureza contratual, as crises de certeza manifestam-se em razão da possível existência de nulidades absolutas ou, então, de obscuridades ou imprecisões das cláusulas. Já as crises da situação jurídica em si, geralmente surgem em três hipóteses: (*1*) possível existência de vícios de consentimento (anulabilidades); (*2*) vícios ocultos do objeto do contrato; (*3*) superveniência de fatores relevantes inesperados.

As nulidades são aquelas previstas no artigo 145 do Código Civil: o ato é nulo por incapacidade do agente, por ilicitude ou impossibilidade do objeto, por inobservância de formalidade essencial ou por expressa determinação legal (quando a lei, expressa e taxativamente, declara o ato nulo).

Os vícios de consentimento também continuam a ser os definidos na lei civil: erro, dolo, coação e fraude. Os vícios do bem, capazes de gerar demanda, serão os chamados *redibitórios*, posto que os vícios aparentes devem ser constatados no ato. E os fatores supervenientes são aqueles que fundamentam a conhecida teoria da imprevisão: fatores que, quando sobrevêm, refletem danosamente no cumprimento de obrigações pactuadas.

23. Demandas revisionais (declaratórias e constitutivas): relações civis, de comércio e de consumo

A questão relativa às demandas revisionais veio a assumir um novo aspecto a partir do advento do Código de Defesa do Consumidor, em 1990. O artigo 6º, inciso V, dessa lei, dispôs que o consumidor teria direito à "modificação" ou "revisão" do contrato que assinara, quando se verificassem nele a existência de cláusulas abusivas ou quando fato superveniente e inesperado tornasse a relação "excessivamente onerosa" para o contratante chamado "hipossuficiente".

Essa disposição veio a consagrar uma possibilidade processual até então timidamente introduzida por construção pretoriana. Nas origens, o Código Civil, ao tratar da questão das nulidades (absolutas ou relativas), disciplinou que reconhecidas estas, as partes deveriam ser "restituídas ao estado em que se encontravam antes do ato" (art. 158). Essa regra vinha temperada pela possibilidade de reconhecimento apenas parcial da nulidade, que permitiria, sempre, a busca da preservação da "parte sã" das relações jurídicas (art. 153), o que foi gerando, no meio judicial, hipóteses de verdadeira modificação parcial dos contratos, como meio de atender ao interesse de preservar os efeitos desejáveis do ato defeituoso.

No campo das obrigações, o Código Civil estabeleceu como regra básica a da obrigatoriedade irrestrita do seu cumprimento, sob pena de responder o devedor relapso pelas perdas e danos (art. 1.056), excluídos apenas em face de caso fortuito ou força maior (art. 1.058), definidos como "fato necessário, cujos efeitos não era possível evitar, ou impedir" (art. 1.058, parágrafo único).

A regra básica, no entanto, era, sempre, a do axioma *pacta sunt servanda*, podendo o juiz, diante de pleitos declaratórios de nulidade ou desconstitutivos anulatórios, desfazer total ou parcialmente o ato, mas não modificá-lo; diante de fato imprevisto, podia atenuar a extensão do cumprimento da obrigação atribuível ao devedor, mas não podia interferir no próprio conteúdo da manifestação de vontade, quando fosse ela a origem dessa obrigação, para readaptá-la à realidade sobrevinda posteriormente ao fato fortuito ou de força maior.

Na realidade, principalmente a questão da imprevisão e da alteração das condições objetivas capazes de interferir no âmbito das obrigações contratuais já vinha permitindo a adoção paulatina de soluções menos drásticas, com reiterados provimentos jurisdicionais produzidos no sentido não de apenas anular ou atenuar, mas de, efetivamente, modificar o próprio pacto, ou o título da obrigação, para torná-lo mais adequado às novas circunstâncias de fato. São exemplos as questões envolvendo modificações no índice e na periodicidade da correção monetária, decididas na fase (de má memória) de inflação descontrolada.

Mesmo no âmbito legislativo, essa tendência foi encontrando eco, sendo de notar-se o conteúdo do artigo 65, da Lei 8.666, de 21 de junho de 1993 (Lei das licitações e contratos administrativos), que introduziu o princípio da modificabilidade dos próprios contratos firmados pela administração pública, nas hipóteses que menciona, dentre as quais ressai a "verificação técnica da inaplicabilidade dos termos contratuais originários" (inciso II, letra "b"), a "imposição de circunstâncias supervenientes" (inciso II, letra "c") e a "manutenção do equilíbrio econômico-financeiro inicial do contrato" (inciso II, letra "d"). É certo que a lei prevê, nesses casos, modificação "por acordo das partes"; mas, na medida em que estabelece condições objetivas que permitem a modificação, parece evidente que, caso a administração venha a recusar-se ao acordo, presentes as condições legais, tem o contratante direito de obter a modificação do contrato através de decisão judicial.

O Código de Defesa do Consumidor,[17] por sua vez, ao introduzir claramente o direito de "modificação" contratual em face ou de

---

17. Há que enfrentar neste passo a questão da aplicabilidade do Código do Consumidor aos contratos de *leasing*. Preferi fazê-lo em nota de rodapé, porque parece-me, na realidade, questão limitada no tempo. De modo geral, a promulgação do CDC produziu grande entusiasmo no meio jurídico, e no momento em que escrevo, embora já decorridos alguns anos dessa promulgação, ainda é muito forte a discussão sobre o âmbito de incidência dessa lei, entre as correntes *maximalista* – que quer vê-la aplicada indiscriminadamente a todas as relações jurídicas – e

nulidade, ou de fato superveniente, trouxe, certamente, como corolário, o poder de "revisão" contratual, parecendo claro que a primeira hipótese é de consenso voluntário das próprias partes e a segunda, à falta deste, é de atuação jurisdicional, já não restrita, apenas, a anular manifestações ou a atenuar o cumprimento das obrigações relacionadas, mas, efetivamente, a substituir parcialmente o próprio conteúdo da pactuação por outro, produzido sob contraditório.

Sob a denominação de "demandas revisionais", reunirei tanto aquelas que manifestam crises de dúvida – que, no âmbito contratual, geralmente resultam de nulidades absolutas que a parte quer ver declarada – como aquelas que manifestam crises da própria situação jurídica – estas buscando ora as nulidades relativas, que dependem de decisão constitutiva negativa para serem reconhecidas, ora as modificações contratuais (provimento constitutivo positivo) em razão de abusividade ou de fato superveniente.

minimalista ou *finalista* – que exige, para aplicar o CDC, a prévia identificação de uma relação de consumo *strictu sensu*, continuando as demais relações sujeitas às normas gerais. Pessoalmente, minha tendência é pela segunda corrente, mas acho que é irreversível a influência do CDC no âmbito geral das relações jurídicas, o que virá a refletir-se fatalmente na elaboração legislativa de regulamentação dessas relações, de modo a confirmar a tendência de aplicar, se não propriamente o Código, paulatinamente os princípios que o regem a todo o sistema jurídico de regência das obrigações em geral. No tocante às relações de *leasing*, a objeção principal tem fundamento no direito positivo formal. O artigo 195, da Constituição, exige *lei complementar* para regulamentação do sistema financeiro. Mais de dez anos decorridos da promulgação da Constituição, essa lei, até este momento, ainda não veio a lume, considerando-se *recepcionada como tal* a antiga Lei 4.595/64. Ora, o Código de Defesa do Consumidor é uma lei ordinária, não preenchendo pois o requisito constitucional para aplicar-se ao sistema financeiro. O argumento é sério e deve ser considerado, em que pese sua potencialidade de produzir frustrações. No entretempo, enquanto não advém a nova lei complementar do sistema financeiro, deve-se, *de lege ferenda*, buscar que esse novo diploma contemple com clareza os princípios gerais da boa-fé negocial, também estipule as possibilidades de revisão e modificação das obrigações em face de abusos ou fatos novos imprevistos, insira-se, enfim, no novo pensamento acerca das relações obrigacionais e do papel do Estado-administração, assim como do Estado-juiz, em face deles. Enquanto não vem a nova lei do sistema financeiro, que vigore o bom-senso: não se deve admitir a invocação do Código do Consumidor como um "recurso" para evitar simplesmente os efeitos da inadimplência, por parte dos devedores, assim como não se deve aceitar o argumento da pura e simples inaplicabilidade desse Código como um "recurso" do credor para frustrar um pedido revisional razoável. É o que, s.m.j. me parece.

As primeiras não apresentam maior dificuldade. Em face de um ato nulo (por incapacidade do agente, ilicitude do objeto,[18] inadequação de forma ou proibição legal expressa), o provimento meramente declaratório surte todos os efeitos necessários, os quais deverão ser analisados objetivamente em face da extensão da nulidade declarada em relação ao contrato, preservando-se, pela regra do próprio Código Civil (aliás repetida pelo Código do Consumidor), as estipulações não atingidas.

As demandas constitutivas, por seu turno, podem apresentar-se semelhantes às declaratórias, quanto aos efeitos a serem produzidos – como no caso de nulidades relativas, que dependerão do provimento jurisdicional para serem reconhecidas; mas, uma vez reconhecidas, os efeitos decorrentes também deverão ser analisados de maneira objetiva em face da extensão da anulação relativamente ao contrato como um todo, valendo, também aqui, a regra da preservação das estipulações não atingidas.

Já, quando o provimento pleiteado é o de modificar o conteúdo do contrato (possível, hoje, desde que se entenda aplicável à relação em questão o Código de Defesa do Consumidor), há que registrar uma observação importante. O juiz é colocado diante de um pacto celebrado entre autor e réu, e diante de um pedido de modificação desse pacto, ou seja, pede-se-lhe que substitua a manifestação original de vontade por outra. O importante aqui a registrar é que não se trata de substituir a vontade das partes pela do juiz, mas pela do Estado-juiz, produzida estritamente dentro das normas do contraditório e obedecendo a parâmetros que me parecem muito claros: a preservação máxima do pacto original, que deve ser respeitado, sendo suscetível, apenas, da modificação mínima, indispensável para conter a abusividade ou reduzir, de maneira razoável, o eventual excesso de onerosidade.

18. Nos contratos de *leasing*, cabe observar que é caso de nulidade por ilicitude do objeto o do contrato que seja celebrado a respeito de uma acessão, desvinculando-a do bem principal ao qual adere. Concretamente, é o caso, por exemplo, dos elevadores de um edifício. A propriedade deles é indissociável da propriedade do próprio prédio, pois são claramente uma acessão que se incorpora à construção. Não sendo suscetíveis de direito de propriedade destacado do direito de propriedade do próprio edifício, os elevadores configurariam *objeto ilícito* do contrato de *leasing*, que assim seria, no caso, nulo de pleno direito, já que a propriedade do arrendador sobre o bem arrendado é elemento essencial do negócio.

O juiz não pode substituir o negócio feito pelo negócio que ele próprio faria; deve atuar de maneira a respeitar ao máximo a vontade manifestada e as obrigações pactuadas pelas partes, ainda quando com elas não concorde pessoalmente, modificando-as estritamente de maneira fundamentada nos elementos colhidos em contraditório aberto, e apenas o suficiente para proporcionalizar objetivamente as prestações ou para reconstituir a situação de onerosidade que estava presente no momento da contratação, desde que essa situação tenha sido agravada por fato superveniente imprevisível.

Também não é demais lembrar que deve ser especial o cuidado do juiz em evitar ser enganado, ou seja, por-se a julgar supostas crise de dúvida ou crise da situação jurídica em si mesma, quando na verdade trata-se, apenas, de uma crise de adimplemento (das que serão analisadas no próximo item), que o devedor em falta procura mascarar apenas para valer-se de uma, eticamente duvidosa, "moratória" decorrente da natural delonga dos processos judiciais.

24. Demandas decorrentes do inadimplemento: possessória, de cobrança, indenizatória; desaparecimento do bem arrendado

A hipótese mais comum de crise jurídica que ocorre nos relacionamentos decorrentes de contratos de *leasing* é, na verdade, a crise de adimplemento, que ocasiona a extinção antecipada da relação por culpa da parte (v. *supra*, n. 21).

Verificada a ocorrência de inadimplemento que provoque a extinção da relação jurídica, a primeira obrigação a ser cumprida pelo arrendatário consiste na restituição ao arrendador do bem objeto do contrato, o que é uma decorrência natural do direito de propriedade deste último e do desaparecimento do justo título de posse de que o arrendatário dispunha. No contrato de *leasing*, configura-se uma relação pela qual o arrendatário paga pelo direito de utilizar o bem; deixando de pagar, deve, conseqüentemente, deixar também de utilizar, ou seja, deve restituir.

À falta de tal restituição, configura-se uma situação de esbulho possessório, que fundamenta pedido de reintegração, a ser ajuizado pelo arrendador, objetivando compelir à devolução da posse direta do bem ao seu dono.

Usualmente, os contratos de *leasing* contêm a chamada "cláusula resolutória expressa", ou seja, estabelecem o inadimplemento de qualquer obrigação contratual como condição resolutiva da relação jurídica, que opera de pleno direito, independentemente de qualquer notificação premonitória ou outra providência prévia. Essa condição está em harmonia com a natureza do negócio, uma vez que o sinalagma se forma, precisamente, entre a utilização e o pagamento, sendo perfeitamente compreensível que à falta deste cesse o direito àquele.[19]

Configurado o esbulho, cabe ao arrendador pleito possessório (ação de reintegração de posse). Se aforar a demanda exibindo prova documental do esbulho e da respectiva data recente, fará jus à reintegração liminar, nos precisos termos do artigo 928 do Código de Processo Civil. Para formar essa prova, poderá utilizar-se do protesto de título de crédito representativo da obrigação descumprida ou, na falta deste, de carta-intimação do devedor para que pague o débito em atraso ou restitua espontaneamente o bem. É preciso notar, porém, que essas providências não constituem condição da ação possessória, não havendo, na hipótese, dispositivo legal algum que prescreva a necessidade de notificação de natureza premonitória para a caracterização da mora, que opera *ex re*. O protesto de título, a carta-intimação ou outras providências similares têm natureza de mera prova documental da situação esbulhatória. Assim, uma carta-intimação que tenha sido remetida para o endereço fornecido pelo arrendatário no contrato, mas que foi devolvida pelo oficial do registro de títulos e documentos (ou mesmo pelo Correio) porque o destinatário lá não foi encontrado pode servir como forte elemento de convicção da existência de esbulho, pois demonstra não apenas a falta de pagamento (devendo-se presumir, em princípio, que o credor não se abalaria a cobrar dívida já paga), como, mesmo, uma atitude inadequada de mudança de endereço do possuidor faltoso, levando consigo o bem, sem nada comunicar ao proprietário deste.

De todo modo, convém lembrar que, não constituindo tais providências prévias nenhuma condição da ação, ao juiz não cabe indeferir a inicial por falta delas; apenas poderá, caso não se tenha con-

---

19. Tal estipulação contratual é válida mesmo em face do artigo 54, § 2º, do Código de Defesa do Consumidor (Lei 8.078/90), e ainda que se considere o contrato de *leasing* como de pura e simples adesão, o que não é tão pacífico. A relação jurídica especificamente tratada aqui repousa logicamente sobre a correspondência recíproca entre o pagamento periódico e o uso periódico. Ao deixar de pagar, o arrendatário deixa de ter o direito de usar, não havendo como imaginar uma "alternativa" que ele possa vir a "escolher".

vencido da efetividade do esbulho, seguir o determinado no já mencionado artigo 928 do Código de Processo Civil, designando audiência de justificação, mandando citar previamente o réu e decidindo conforme o resultado da instrução sumária.

Além da demanda possessória, pode o arrendador, também, cobrar o pagamento das contraprestações vencidas, uma vez que estas constituem a contrapartida do uso já feito da coisa pelo arrendatário, sendo, assim, obrigações líquidas, certas e exigíveis – ensejando, portanto, a execução direta, constituindo o contrato (desde que assinado também por duas testemunhas) título executivo.

Quanto às contraprestações vincendas, a questão assume contorno bem interessante. O artigo 1.193, parágrafo único, do Código Civil dispõe que, havendo prazo para a duração do contrato, antes de seu vencimento "não poderá o locador reaver a coisa alugada, senão ressarcindo ao locatário as perdas e danos resultantes, nem o locatário devolvê-la ao locador, senão pagando o aluguer pelo tempo que faltar".[20] Caso se venha a sustentar similitude suficiente entre o arrendamento mercantil e a locação do Código Civil para justificar a aplicabilidade deste dispositivo, então seria válido deferir ao arrendador o direito de, extinta antecipadamente a relação jurídica, exigir o pagamento integral e imediato das contraprestações faltantes até o termo do prazo contratado.

Cabe, no entanto, lembrar que, constituindo embora relações jurídicas pertencentes ao mesmo gênero (uso remunerado de coisa alheia), a locação originalmente disciplinada no Código Civil e o *leasing* diferem entre si por características categoriais próprias deste último, as quais não apontam a pura e simples cobrança das prestações vincendas, em caso de extinção antecipada da relação, como a solução mais adequada.

Como já sustentado neste trabalho, o preço do arrendamento, no *leasing*, forma-se a partir de uma equação financeira que leva em conta o conjunto das contraprestações somado ao valor do próprio bem, vendido depois de terminada a relação de arrendamento, constituindo essa somatória o total que o arrendador espera receber (e faz jus a isso) como retorno de um investimento de capital feito. Por

---

20. Esta disposição está literalmente repetida no art. 571 do projeto de novo Código Civil, que já foi apreciado pela Câmara, sofreu 366 emendas no Senado (nenhuma sobre esta matéria) e está atualmente de volta à Câmara para que estas emendas sejam apreciadas.

outro lado, essa mesma característica própria do *leasing* confere ao arrendatário o direito de não ter de pagar nada além do que o conjunto de obrigações consubstanciado no contrato que assinou.

Dessa maneira, o que se deve levar em conta, na hipótese de extinção antecipada do contrato com culpa do arrendatário (v. *supra*, n. 21), é o efetivo prejuízo causado por essa culpa contratual, medido a partir da equação financeira mediante a qual foi, quando da contratação, formado o preço.

Assim, uma vez recuperada pelo arrendador a posse do bem arrendado, este deverá ser vendido.[21] Esta afirmativa justifica-se porque é da natureza do *leasing* que o interesse do arrendador na propriedade da coisa seja exclusivamente derivado do interesse do arrendatário em utilizá-la mediante pagamento de renda; assim, cessada a relação de arrendamento, é natural esperar que o arrendador aliene o bem.

Uma vez vendido o bem, o valor assim apurado deverá ser levado em conta no cálculo do dano efetivo causado pelo inadimplemento. Em outras palavras, e em termos práticos: soma-se tudo o que o arrendador esperava receber e não recebeu (as contraprestações e antecipações de valor residual não pagas); ao total assim obtido, somam-se os encargos moratórios do contrato; com relação às obrigações futuras (ainda não vencidas), deduz-se o custo financeiro pendente;[22] do resultado dessa operação (que corresponderá ao saldo do contrato), abate-se o montante obtido pela venda do bem.

Três resultados hipotéticos podem acontecer: (*1*) o preço de venda do bem coincide com o saldo do contrato (ou seja, a simples venda do bem foi suficiente para cobrir o dano contratual): neste caso, o arrendatário não deve mais nada ao arrendador, mesmo havendo contraprestações vincendas; (*2*) o preço de venda do bem

---

21. Ou, excepcionalmente, arrendado novamente a terceiro, hipótese difícil de ocorrer uma vez que, como já visto, a escolha do bem a arrendar é sempre do arrendatário, e um novo arrendamento dependeria de que surgisse alguém interessado precisamente naquele bem recuperado. Se isso ocorrer, o valor do novo arrendamento deverá ser considerado, para fins de liqüidação do contrato anterior, como se fosse o valor de venda do bem a terceiro.

22. Como o preço se forma a partir de uma equação financeira, sabe-se que o custo é obtido a partir da taxa e do tempo. Se o tempo é reduzido, ainda que por culpa do arrendatário, o custo deve ser reduzido também, em benefício do perfeito equilíbrio das partes e da apuração do dano real causado pelo inadimplemento contratual.

supera o saldo do contrato (ou seja, a venda do bem cobriu o dano contratual, e ainda sobrou um excesso): neste caso, o excesso deve ser transferido para o arrendatário, pois o arrendador não deve lucrar mais do que lhe permitia o contrato; e, finalmente, (*3*) o preço de venda do bem é inferior ao saldo do contrato (ou seja, a venda do bem não cobriu o dano contratual): nesta hipótese, o arrendatário é responsável pelo dano remanescente.

Surge aqui uma terceira modalidade de demanda possível como decorrência do inadimplemento: a que manifesta pedido indenizatório pelo dano contratual causado por culpa do arrendatário, pleiteando, precisamente, o valor que faltou, após a venda do bem, para cobrir esse dano.[23]

Como se verifica, é possível que a solução da demanda possessória venha a tornar desnecessária a subseqüente demanda indenizatória, sendo por si só suficiente para satisfazer o direito ofendido pela crise jurídica de inadimplemento instaurada.

Resta examinar as hipótese em que o bem desaparece em circunstâncias que não ocasionam o pagamento de indenização securitária; em outras palavras, as hipóteses em que, concedida a reintegração do arrendador na posse, o bem não mais é encontrado em poder do arrendatário. Ao contrário do que ocorre nos casos de alienação fiduciária em garantia (instituto, por sinal, bastante diferente do *leasing*), não há na lei previsão para que o pedido possessório seja "convertido" em pedido indenizatório.[24]

No entanto, não tem cabimento nem paralisar a ação possessória, nem extingui-la sem julgamento de mérito, como alguns chegam a cogitar quando a liminar não pode ser cumprida em razão do sumiço do bem. Na realidade, embora fundamentada no artigo 928 e não no artigo 273 do Código de Processo Civil, a liminar de reintegração é uma forma de antecipação de tutela, cujo não cumprimento não inibe, de maneira alguma, a concessão da tutela definitiva; ou seja, mesmo quando não cumprida a liminar, o processo deve prosseguir em seus termos ulteriores até a sentença. Esta será

---

23. Evidentemente, se a venda do bem produzir excesso em relação ao valor do dano, e o arrendador não restituir espontaneamente esse excesso ao arrendatário, este disporá, no caso, de ação de cobrança contra ele.

24. E muito menos em ação de depósito, uma vez que não há sequer compatibilidade entre o contrato de *leasing* e a figura do fiel depositário: não é coerente dar um bem, ao mesmo tempo, em arrendamento e em depósito.

um provimento condenatório de obrigação de dar coisa certa; se não for cumprido, porque a coisa certa desapareceu, a solução será indenizatória, podendo, até mesmo, ser essa indenização calculada e executada nos mesmos autos.

No entanto, é de notar-se que tal indenização, a ser perseguida como conseqüência do descumprimento do preceito condenatório de reintegração, estaria restrita ao valor da coisa, que é o objeto da sentença e da obrigação de dar coisa certa nela contida. Preferível me parece, por isso, que se formule, em ação própria, pedido indenizatório do próprio dano contratual, calculado como acima previsto, apenas não se deduzindo nada a título de valor de venda do bem recuperado, por razões óbvias.

Como observação final a esse respeito, penso que, diante de tal constatação (de que o bem desapareceu, injustificadamente, em mãos do arrendatário), cabe ao juiz encaminhar o assunto ao Ministério Público, posto que tal fato merece investigação de natureza criminal, uma vez que, evidentemente, pode constituir uma apropriação indébita.

25. Venda do bem na vigência de tutela antecipada

Como diversas vezes lembrado neste trabalho, o interesse do arrendador no bem resume-se em apurar o seu valor mediante alienação, a fim de compor a equação financeira do contrato e proporcionar-lhe meios líquidos de cobrir os recursos que tomou no mercado, no exercício de suas atividades regulares.

É assim sabido e ressabido, desde a contratação, que o arrendador certamente alienaria o bem, cessado o arrendamento, posto que o valor residual desse bem compõe o montante de recursos pecuniários com que está contando. A questão que se propõe, portanto, consiste em saber-se se pode o arrendador, reintegrado liminarmente na posse do bem, aliená-lo antes da sentença definitiva.

A resposta positiva parece-me de rigor. Em primeiro lugar, porque o direito de propriedade do arrendador não fica, de modo algum, restringido, nem mesmo pelo contrato de *leasing*, ou seja: mesmo na pendência de tal contrato, é lícito ao arrendador, como proprietário que é, alienar o bem. O que o contrato origina, para ele, é uma obrigação de natureza pessoal de assegurar ao arrendatário o uso do bem pelo tempo contratado, e as opções alternativas de adquirir o bem ou de renovar o arrendamento, no seu termo. Desde que, em eventual alienação, o arrendador insira cláusula pela qual o comprador se obrigue a respeitar estes direitos do arrendatário, essa alienação, além de perfeitamente lícita, nem mesmo causa prejuízo algum.

Como efeito do ajuizamento da ação reintegratória, o que se torna litigioso é o direito de posse, e não o de propriedade, que segue íntegro. Se o pressuposto é de que foi rompida antecipadamente a relação de arrendamento, nem mesmo os direitos finais, de optar pela compra ou pela renovação do contrato, subsistem em favor do arrendatário culpado; em face desse pressuposto, portanto, o arrendador pode, perfeitamente, vender o bem a terceiro, sem sequer se preocupar em assegurar o respeito a eventuais direitos da outra parte.

Claro que pode ocorrer que o pressuposto não seja verdadeiro, ou seja, não haver na verdade esbulho e, diante disso, a ação ser julgada improcedente. Nesse caso, na verdade, o que resta é direito de indenização do réu em face do autor. Sendo o contrato de arrendamento, e não de venda ou promessa de venda, de nada adiantará, terminada a demanda, restituir simplesmente a posse ao réu: certamente o prazo para o qual o arrendamento fora contratado já terá passado, e, como o tempo não volta atrás, não será mais possível exigir do arrendador que cumpra a obrigação originalmente assumida (arrendar o bem ao réu, durante um certo número de meses seguidos, predeterminados). Além disso, dificilmente terá o réu interesse na aquisição de propriedade ou na renovação do arrendamento do mesmo bem, ao cabo de uma demanda que o envelheceu e desvalorizou. Ainda assim, caso o réu vencedor venha a justificadamente exigir a posse do bem e o exercício do direito de opção de compra, a eventual alienação do bem no curso da demanda não será, na verdade, obstáculo para o atendimento dessa pretensão, uma vez que tal venda deverá ser tida como ineficaz em face do direito do réu, cabendo, a quem tenha adquirido, pleitear indenização do arrendador afoito.

Por outro lado, a concessão de liminar possessória, no caso específico do *leasing* (dado o interesse do arrendador exclusivamente no valor pecuniário do bem e não no bem em si mesmo), sem possibilidade de pronta alienação representa medida quase inócua, por atender apenas uma parcela mínima do interesse cuja tutela se busca. Negar essa antecipação, porém, a pretexto de que a alienação do bem a tornaria irreversível, também não é correto, posto que negar posse ao autor equivale a deferir posse ao réu, e, se este for efetivamente inadimplente, a negativa de liminar contribuirá para outorgar-lhe um enriquecimento ilícito repulsivo, que será ainda crescente no decorrer da demanda. Diante de elementos convincentes do inadimplemento, portanto, é de rigor a concessão da liminar.

Ainda um aspecto deve ser considerado na análise da questão da venda imediata do bem. É que, como visto, o prejuízo contratual causado pelo inadimplemento do arrendatário tem natureza financeira, e cresce com o decorrer do tempo. Por outro lado, o valor de venda do bem será, obrigatoriamente, abatido do total desse prejuízo. Esses dois fatores da realidade mostram o quanto é aconselhável a venda imediata do bem, não apenas para reduzir o valor do dano, por encurtar o tempo de sua satisfação, como para assegurar melhor preço para a coisa, pois, como se sabe, quanto mais velho um bem menos ele vale no mercado. Acresça-se, ainda, que, como o arrendador não tem uso pessoal para o bem, se não o vender terá com ele apenas mais despesas, com a guarda e conservação, o que apenas serviria para agravar, ainda mais, o valor dos prejuízos que, a final, seriam exigidos do próprio réu.

Conclui-se, pois, que em face das circunstâncias próprias dos negócios de *leasing*, a venda imediata do bem tão logo recuperada a sua posse não apenas é possível, como até mesmo é aconselhável, por redundar, em última análise, em benefício para ambas as partes, sem dano para a administração da justiça. Ressalve-se a possibilidade de o réu, em contestação fundamentada e convincente, pleitear do magistrado que proíba essa venda ao autor (ou, até mesmo, pleitear a revogação da liminar).

26. Demandas com terceiros

Até aqui tratou-se de questões processuais decorrentes de crises instaladas entre arrendador e arrendatário, com fundamento no contrato. No entanto, cabem algumas observações, neste passo, a respeito das demandas que a relação jurídica pode vir a apresentar como efeito de crises instauradas com terceiros, tanto por parte do arrendador, como por parte do arrendatário, como de ambos.

Certamente não há neste trabalho a pretensão de esgotar este tema, mas, apenas, de pincelar, de um lado, as demandas de maior incidência potencial e, de outro lado, algumas questões vinculadas à legitimidade das partes para essas ações, que, no caso do *leasing*, merecem meditação decorrente da natureza mesma do negócio de que se trata.

Como já visto (*supra*, n. 7), uma das característica do *leasing* é que, embora se trate de um contrato para uso remunerado de coisa alheia, o arrendador, ostentando embora a qualidade de proprietário, não tem qualquer participação nem na escolha da coisa, nem na sua operação ou utilização. É o arrendatário quem procura o objeto infungível que lhe interessa, indicando ao arrendador não apenas a coisa, mas também o seu fornecedor e o respectivo preço e condições, tudo isto tendo sido negociado previa e pessoalmente por ele, arrendatário. O arrendador manifesta a vontade de adquirir, firmando um contrato de compra e venda, é certo; mas esta vontade não deriva de desígnio próprio, mas sim é determinada pelo desígnio do arrendatário em relação à coisa.

Em termos gerais, duas ordens de crises com terceiros (relativamente ao contrato de *leasing*) podem instalar-se: crises oriundas de fatos da coisa, decorrentes ou não de seu mau uso, e crises oriundas de defeitos físicos ou jurídicos da coisa, que a tornem evicta, inservível ou inesperadamente desvalorizada.

No tocante às primeiras, remeto o leitor ao conteúdo do número 14, *supra*, em que se procurou elencar as razões pelas quais é o arrendatário, e não o arrendador, quem ostenta legitimidade para figurar no polo passivo de tais crises, como, aliás, já está pacificado no âmbito pretoriano.

Cuide-se, agora, de examinar, ainda que brevemente, as crises que podem surgir por causa de defeitos, jurídicos ou físicos, na coisa adquirida pelo arrendador, por indicação e para uso expresso e exclusivo do arrendatário.

Em primeiro lugar, chama a atenção o fato de que o arrendador somente adquire a coisa precisa e infungível que lhe é indicada pelo arrendatário, a quem compete, com exclusividade, toda a fase que antecede a compra e venda propriamente dita: busca, escolha, negociação, estipulação de prazos, preço e condições.

Evidentemente, não seria apropriado que, assim adquirida a coisa pelo arrendador, possa este vir a ser questionado pelo arrendatário, depois, porque a coisa mostrou-se inadequada, seja esta inadequação jurídica (evicção, *verbi gratia*) ou não (vício redibitório ou outros).

Por outro lado, na qualidade de adquirente, seria ao arrendador que tocaria a legitimidade para questionar, em face do fornecedor, tais defeitos. No entanto, considerando-se que o interesse do arrendador na coisa é derivado exclusivamente do interesse do arrendatário, e que foi este quem participou, efetiva e ativamente, de todas as fases negociais que antecederam a aquisição – e, mais do que tudo, que é o arrendatário quem quer efetivamente utilizar-se da coisa, colhendo os proveitos que ela pode proporcionar – evidencia-se que não é adequado alijar o arrendatário da legitimidade para lamentar contra o fornecedor pelos defeitos que a coisa apresente.

Da mesma maneira, as questões envolvendo a garantia que o fornecedor deve assegurar quanto à coisa vendida: será o arrendatário quem estará no uso diuturno e produtivo do objeto, e ele é quem sofrerá as conseqüências de qualquer falha, imperfeição ou vício desse mesmo objeto. Essas circunstâncias todas, peculiares ao contrato de *leasing*, levam a uma conclusão a meu ver inafastável: este contrato constitui, por si só, título suficiente para legitimar o arrendatário, ainda que concorrentemente com o arrendador, para demandar em questões oriundas de crises causadas por defeitos, físicos ou jurídicos, da coisa arrendada, mesmo quando essa legitimidade não seja pactuada expressamente em cláusula do mesmo contrato.

A limitação à legitimidade, imposta pelo artigo 6º do Código de Processo Civil ("ninguém poderá pleitear, em nome próprio, direito alheio, salvo quando autorizado por lei") não me parece aplicável para impedir o arrendatário de demandar, diretamente, perante o próprio fornecedor com quem, de fato, negociou, e que indicou ao arrendador para que este adquirisse a propriedade do bem, por questões vinculadas a este mesmo bem – diferentemente do que ocorre nas demais relações que envolvem uso remunerado de coisa alheia, em que a legitimidade do usuário somente se manifesta em relação à sua contra-parte no contrato.

Tome-se, como exemplo e para ilustrar as possíveis conseqüências de um posicionamento diverso, o caso de evicção: evicta a coisa, porque foi com sucesso reivindicada por terceiro, o contrato de arrendamento ficará sem objeto. Quem teria maiores razões de queixa, um contra o outro: o arrendador, que apenas adquiriu a coisa porque o arrendatário assim lhe determinou expressamente, e que se vê privado do direito de propriedade, ou o arrendatário, que estará perdendo o direito de utilizar, e a expectativa de adquirir, mediante exercício de opção de compra, um bem que, no fim de contas, foi ele mesmo quem buscou, negociou e indicou para a aquisição pelo arrendador? Quem teria direito a ser indenizado pela contra-parte?

É evidente que não se afigura justo submeter o arrendador ao dever de indenizar o arrendatário pela evicção do bem arrendado, quando foi o próprio arrendatário quem escolheu o bem e o respectivo fornecedor. De outro lado, o arrendador terá perdido tanto a propriedade do bem, que só comprou porque o arrendatário assim o quis, como perderá também a expectativa de renda que tal bem lhe produziria através do contrato de *leasing*, posto que este, ficando sem objeto, estará extinto. Esse prejuízo, em última análise, terá sido também causado, ainda que indiretamente, pelo próprio arrendatário, já que foi este quem escolheu tanto o bem como o fornecedor, induzindo o arrendador a uma aquisição *a non domino*.

Portanto, as peculiaridades próprias deste tipo de negócio jurídico apontam, com fortes argumentos, para a conclusão de que é o arrendatário que, com maior razão, ostenta legitimidade para demandar com terceiros por defeitos físicos ou jurídicos da coisa arrendada, embora o direito de propriedade, pertencente ao arrendador, não permita que se afaste a legitimidade também deste para o mesmo objeto. Trata-se, pois, de legitimidade concorrente, não havendo, a rigor, nem mesmo necessidade do estabelecimento de litisconsórcio, que será facultativo, entre arrendador e arrendatário.

Na realidade, o que poderá ocorrer será, em demandas reivindicatórias sobre a coisa, que sejam propostas por terceiros contra o arrendador em litisconsórcio com o fornecedor, que o primeiro destes deva denunciar a lide ao arrendatário, pois o sucesso do terceiro extinguirá o contrato de arrendamento, com efeitos a serem produzidos relativamente à responsabilidade daí decorrente, que, como acima acentuado, poderá ser carreada ao arrendatário, em razão de sua participação na escolha do bem e do fornecedor.

9
ALGUNS ASPECTOS TRIBUTÁRIOS

27. Imposto de Renda. 28. Imposto sobre serviços "versus" imposto sobre operações de crédito. 29. Imposto sobre circulação de mercadorias.

27. Imposto de renda

Já o próprio título deste capítulo indica que não se pretende esgotar, nesta obra, os aspectos tributários que envolvem a operação de *leasing*. Apenas nos ocuparemos de tecer considerações gerais e genéricas sobre tais questões, estritamente naquilo que nos pareceu essencial para complementar a compreensão do negócio jurídico em si mesmo, enfocando-o sob o prisma de algumas polêmicas que suscitou no campo do direito tributário.

Não surpreende o fato de que a Lei 6.099/74 tenha enfatizado os aspectos fiscais do negócio, quando se verifica que ele surgiu como uma excelente alternativa de planejamento tributário para as empresas que necessitassem renovar ou atualizar seus equipamentos. Ao adquirir a propriedade destes, fosse mediante compra a prazo, fosse mediante obtenção de empréstimo, as empresas estariam necessariamente imobilizando capital, devendo lançar como despesas operacionais apenas os custos financeiros (juros) pagos na compra, além do coeficiente de depreciação presumida do bem, nos limites admitidos pela legislação tributária.

Através de contrato de *leasing*, tornou-se possível às empresas equipar-se ou renovar seus equipamentos, mediante arrendamento. Pagando pelo uso do bem, e não pelo direito de propriedade, tornou-se possível às empresas considerar como despesa operacional praticamente todo o desembolso relacionado com a aquisição[25] do equipamento de que necessitavam para operar. O importante para as empresas produtivas não é serem "donas" dos bens que usam: é terem o direito de usá-los enquanto produtivos. Assim, se uma empresa tem condições de adquirir o direito de uso de determinado bem necessário ao seu processo de produção, sem precisar tornar-se proprietária desse bem, isso significa que poderá dispor da produtividade inerente à coisa, lucrando com seu uso, sem necessidade de se tornar "dona" dela.

Pelo regime estabelecido pela Lei 6.099/74, as contraprestações pagas pelos arrendatários podem ser deduzidas como despesa operacional (atualmente, apenas para as empresas que apuram lucro real), de modo a reduzir o lucro tributável. As arrendadoras, por sua vez, que devem registrar essas mesmas contraprestações como receita, recebem o direito de deduzir como despesa operacional uma taxa de depreciação "acelerada", também colhendo assim um benefício tributário.

O valor estipulado como residual, no entanto, ainda quando seja antecipado pelo arrendatário sob forma de depósito caucionário, não pode ser deduzido como despesa deste, nem deve ser considerado como receita operacional do arrendador. A margem tributável referente à receita com a venda do bem, ao término da relação de arrendamento, é apurada pelo confronto do preço dessa venda com o valor contábil do patrimônio (que corresponde ao valor de aquisição menos as depreciações lançadas como despesa operacional): se o valor apurado na venda do bem for superior ao valor depreciado do mesmo, essa diferença deve ser oferecida à tributação. Para as empresas arrendadoras, no entanto, cumpre observar que se o valor de venda for inferior ao valor depreciado, essa diferença a menor não pode ser considerada como prejuízo para efeito de tributação.

Com a evolução experimentada pelo *leasing* após a sua implementação a partir do advento da Lei 6.099/74, o instituto passou a ser utilizado não apenas pelas empresas, para obtenção ou renovação de equipamentos produtivos, mas por todos (pessoas jurídicas ou pessoas naturais, produtivas ou não), como um instrumento de satisfação de interesse temporário por determinado bem, ainda quando este

---

25. O termo "aquisição" não se refere apenas ao direito de propriedade, que certamente não é o único direito que pode ser adquirido.

bem se destine a atender a uma necessidade pessoal (um automóvel de passeio) ou mesmo a um prazer (um automóvel luxuoso).

Não obstante, o *leasing* continua a ser um poderoso instrumento de planejamento econômico e tributário, para as empresas que apurem lucro real e mesmo para as outras, que se interessem em diminuir seu nível de imobilização de capital. Um administrador competente saberá utilizar as possibilidades que este negócio jurídico oferece, especialmente no tocante à boa utilização da equação financeira (estipulando o valor residual no montante que melhor convier à correta proporção entre a imobilização e as suas despesas operacionais – considerando com acuidade o montante da receita produzida –, e combinando antecipações sobre o residual contratado na medida em que estas se mostrem aptas a reduzir aos níveis desejados a taxa de arrendamento).

28. Imposto sobre serviços "versus" imposto sobre operações de crédito

Como visto, o contrato de *leasing* é uma das manifestações jurídicas do fenômeno econômico do financiamento. No entanto, uma vez que o núcleo desse contrato é a utilização remunerada de um bem infungível, ele não pode ser classificado como uma operação financeira, ou uma operação de crédito, para efeitos tributários.

É que, em matéria tributária, vigora rigidamente o princípio da estrita legalidade, não se podendo formular hipóteses de incidência de tributos por analogia. Ao disciplinar o imposto federal sobre operações de crédito, câmbio e seguros (fundamentado no art. 153, V, da Constituição), o Código Tributário Nacional, no que diz respeito às primeiras, caracterizou o fato gerador como sendo a "entrega total ou parcial do montante ou do valor que constitua o objeto da obrigação, ou sua colocação à disposição do interessado" (art. 63, inciso I). Portanto, para que se caracterize o fato gerador deste tributo, é necessário que exista a entrega ou a disponibilização de dinheiro do credor para o devedor. Essa característica fica ainda mais clara na definição da base de cálculo do tributo, constante do artigo 64, inciso I, que fala em "montante da obrigação, compreendendo principal e juros".

Ora, no contrato de *leasing* o arrendador não entrega nem disponibiliza dinheiro para o arrendatário: adquire a propriedade de um bem de escolha deste último, e disponibiliza esse bem para utilização dele, mediante pagamento de uma renda mensal. O núcleo contratual refoge inteiramente, pois, à hipótese de incidência definida no Código Tributário Nacional para o chamado IOF, sigla pela qual é conhecido o imposto federal sobre operações de crédito, câmbio e seguros.

Em face da semelhança existente entre o contrato de *leasing* e a locação tradicional, já nos primeiros anos de vigência da Lei 6.099/74, as municipalidades trataram de lançar, sobre essas operações, o imposto sobre serviços, o ISS, sempre que o objeto do contrato fosse um bem móvel, porque a locação de bens móveis era prevista como um serviço tributável pelos municípios, pela lista de serviços anexa ao Decreto-lei 406, de 31 de dezembro de 1968, no item 79.

Houve contestação judicial dessa tributação, sob o argumento de que na realidade, embora se aproximasse ou se assemelhasse à locação, o *leasing* constituía uma operação diferente dela, por distinções claras e definidas; assim, a sua tributação pelos municípios, com fundamento no teor então vigente do item 79 da lista de serviços, configurava uma tributação por simples analogia, o que contrariava o princípio de estrita legalidade.

E essa tese acabou por merecer acolhida pretoriana, permanecendo as operações de *leasing* inatingidas pelo tributo municipal até o advento da Lei Complementar 56, de 15 de dezembro de 1987, que modificou a redação do item 79 da lista para contemplar, expressamente, o arrendamento mercantil como hipótese de incidência desse imposto.

29. Imposto sobre circulação de mercadorias

Também se apresentaram dúvidas sobre a eventual incidência de ICMS nas vendas, pelas arrendadoras, dos bens que tivessem sido objeto de arrendamento. Não foram poucos os Estados que procuraram lançar tal tributo, entendendo que a "habitualidade" caracterizaria as empresas de arrendamento como contribuintes, e as vendas por elas efetuadas como fatos geradores desse imposto.

A polêmica aparentemente foi apaziguada pela atual redação do inciso VIII, do artigo 3º, da Lei Complementar 87, de 13 de setembro de 1996, que declara a não incidência do imposto sobre operações de arrendamento mercantil; no entanto, a ressalva contida nesse dispositivo ("não compreendida a venda do bem arrendado ao arrendatário") parece deixar ainda margem a dúvidas.

Na realidade, não há como vislumbrar fato gerador desse imposto nas operações de arrendamento mercantil, mesmo quando o arrendatário venha, a final, a exercer a opção de compra do bem, porque de maneira alguma há como compreender esses bens no conceito de "mercadoria", que é utilizado pela Constituição (art. 155, inciso II) e que tem conteúdo próprio. "Mercadorias" são os bens, produzidos pelas indústrias ou não, adquiridos por comerciantes para revenda, já por atacado, já a varejo.

Ora, as empresas arrendadoras não adquirem bens para revender, mas para arrendar. A aquisição feita pela arrendadora situa-se na etapa final do ciclo de produção e comercialização: sobre essa compra, incide o imposto estadual, mas depois dela o bem vai entrar em uso, ou seja, vai prestar-se para a utilidade para a qual foi produzido e comercializado.

Quando vem a ser posteriormente vendido pela arrendadora, não se configura circulação de "mercadoria", até porque a arrendadora compra um bem novo, e vende um bem usado, por valor inferior ao da aquisição. É o quanto basta para evidenciar a inadequação dessa operação ao conceito de "circulação de mercadorias", pois o comerciante invariavelmente compra por menos para vender por mais. Além disso, a aplicação da regra de não cumulatividade (Constituição, art. 155, § 2º, I), que obriga à "compensação do que for devido a cada operação com o montante cobrado nas operações anteriores", tornaria as empresas arrendadoras sempre credoras do imposto, ao invés de devedoras, uma vez que, comprando sempre por valor mais elevado do que o valor de venda, teriam sempre pago, na operação antecedente, imposto maior do que o que incidiria na operação subseqüente.

10
QUESTÕES POLÊMICAS

30. Critério de seleção. 31. Antecipação do valor residual. 32. Devolução do valor residual antecipado em caso de extinção antecipada do contrato. 33. Valor residual contratado e preço de mercado. 34. Arrendamento único. 35. A questão da antecipação de VRG como antecipação da opção de compra. 36. A questão da variação cambial. 37. Ação possessória e antecipação de tutela. 38. Purgação da mora. 39. Fiel depositário.

30. Critério de seleção

As questões abordadas a seguir foram extraídas de perguntas formuladas ao autor em seminários sobre *leasing* realizados pelas seguintes instituições: Centro de Estudos e Debates do II Tribunal de Alçada Civil de São Paulo, Escola de Magistratura do Tribunal de Justiça do Rio Grande do Sul, Escola de Magistratura do Rio Grande do Norte, Escola de Magistrados da Bahia, Centro de Estudos Jurídicos do Tribunal de Alçada de Minas Gerais, Escola da Magistratura do Estado do Ceará e Escola Nacional da Magistratura. Embora com o risco de repetir matérias já tratadas ao longo do texto, pareceu adequada a inclusão destas questões e suas respostas na obra, em razão de externarem os pontos em que a controvérsia se mostrou mais acentuada, podendo ser útil ao leitor o tratamento objetivo e concreto resultante.

31. Antecipação do valor residual

— *A antecipação do VRG descaracteriza o contrato de "leasing"?*

RESPOSTA: Se o tratamento jurídico for correto, não. Nos termos do que dispõe a Lei 6.099, o que "descaracteriza" o contrato – para efeitos tributários, obrigando ao estorno dos benefícios fiscais colhidos – é a "aquisição pelo arrendatário dos bens arrendados em desacordo com as disposições" da lei (art. 11, § 1º) – ou seja, na prática, o exercício da opção de compra antes de decorrido o prazo do arrendamento.

A Resolução 2.309, em seu artigo 7º, inciso VII, letra "a", determina que os contratos contenham a previsão da obrigação de a arrendatária *pagar* o valor residual "em qualquer momento durante a vigência do contrato", sem que esse *pagamento* signifique "exercício da opção de compra". Na verdade, o termo "pagamento" está aí mal empregado do ponto de vista da terminologia jurídica. Desde a Portaria MF 564, de 1978 (portanto, há mais de vinte anos) que se compreende que o valor residual garantido (VRG) corresponde ao "preço contratualmente estipulado para exercício da opção de compra", ou, caso esta última não ocorra, "valor contratualmente garantido pela arrendatária como mínimo que será recebido pela arrendadora na venda a terceiros".

Por sua vez, a Portaria MF 140, de 27 de julho de 1984 (portanto há mais de quinze anos) já disciplinou que as eventuais antecipações devem ser tratadas como "passivo do arrendador e ativo do arrendatário", não devendo ser computadas na determinação do lucro real. Portanto, mesmo quando o arrendatário antecipa numerário a título de valor residual, o correto é entender essa antecipação como um *depósito* que ele faz em mãos do arrendador, para utilização *futura*: se ele vier a optar pela compra, utilizará esses depósitos para pagar o preço. Se não optar, os depósitos servirão de garantia de valor mínimo: caso, na venda a terceiros, o bem não alcance o montante estipulado no contrato, o arrendador lançará mão do depósito para cobrir o valor faltante, e devolverá o resto ao arrendatário (pois é um ativo deste).

Trata-se de um mecanismo que dá flexibilidade ao contrato, permitindo a sua utilização mais ampla e mais adequada às efetivas necessidades do arrendatário, que, depositando, parcial ou totalmente, o valor residual em mãos do arrendador, poderá conseguir contraprestações mais baratas (porque será menor o montante de recursos que o arrendador terá de captar no mercado para adquirir o bem) e, muitas vezes, viabilizar o negócio nos limites de sua capacidade de pagamento. Não há nenhuma razão para condenar esse sistema, que vem funcionando bem há décadas; basta tratar com rigor jurídico a questão, deixando clara a natureza de depósito caucionário das antecipações, e não de pagamento parcelado da opção de compra.

32. Devolução do valor residual antecipado em caso de extinção antecipada do contrato

— *Segundo a Portaria n. 3 da Secretaria de Direito Econômico está prevista a devolução do VRG pago quando da devolução do bem antes do término do contrato. Sabendo-se que o VRG faz parte da composição do preço do negócio, e sua diluição permite a redução do valor da contraprestação a ser paga durante o contrato, pergunto:*

1) é legítima a devolução dessa importância? Por que?

2) Como ficam as empresas de "leasing" que adquiriram o bem escolhido pelo arrendatário por valor superior ao recebido pelo pagamento das contraprestações, se não é permitida a cobrança do saldo devedor trazido a valor presente e ainda sendo obrigadas a devolver o VRG recebido?

RESPOSTA: Em primeiro lugar, não me parece que a Portaria 3 preveja a "devolução do VRG pago quando da devolução do bem antes do término do contrato". O item 15 dessa Portaria diz que seria abusiva a cláusula que estabeleça exigência de pagamento antecipado do VRG *sem previsão de devolução caso não exercida a opção de compra*. Ora, a opção de compra somente pode ser exercida no final do contrato; portanto, não se pode afirmar que a Portaria permita a devolução do bem antes do término do contrato.

Caso o arrendatário, no final do arrendamento, prefira não adquirir o bem, terá de devolvê-lo para que a arrendadora o venda a terceiro, pois, como procurei mostrar, como pertencem ao sistema financeiro, as empresas de *leasing* não têm nenhum interesse no bem em si mesmo, mas, sim, no valor em dinheiro que a ele corresponde. A estipulação de um valor residual no contrato funciona, como aliás está definido desde 1978 pela Portaria MF 564, como "preço contratualmente estipulado para exercício da opção de compra *ou* valor contratualmente garantido pela arrendatária como *mínimo* que será recebido pela arrendadora na venda a terceiros do bem arrendado, na hipótese de não ser exercida a opção de compra".

Se tiver havido antecipações do valor residual estipulado, essa antecipação tem o caráter de *caução*, e, como qualquer garantia, deverá ser liberada em favor do caucionante, *uma vez integralmente cumprida a obrigação contratual garantida*.. Portanto, caso o arrendatário não opte pela compra do bem, as antecipações deverão, sim, ser restituídas a ele, *depois que o bem for vendido, alcançando pelo menos o valor previsto contratualmente*. Caso não alcance esse valor, o arrendador, como qualquer credor caucionado, pode lançar mão da garantia, *até o limite* que faltar para completar o montante estipulado. Em contrapartida, se o bem alcançar, na venda a terceiro, valor *maior* do que o que o contrato previa, não somente deverá ocorrer a devolução dos depósitos caucionários, como deverá haver, também, o repasse para o arrendatário do excesso recebido, uma vez que a estipulação contratual de valor para o bem é *bilateral*, valendo tanto para uma parte como para a outra.

— *Nestas duas "colunas" para apuração sempre do prejuízo dos Bancos, será levado em consideração o VRG pago antecipadamente pelo arrendatário? Em que bases esse valor é devolvido?*

RESPOSTA: Suponho que as duas "colunas" sejam os dois lados da equação financeira a que me referi. Suponho, também, que o autor da pergunta esteja pensando nas situações em que o contrato foi extinto antecipadamente por inadimplemento do arrendatário que, no entanto, havia feito depósitos prévios para caucionar o valor residual. Em primeiro lugar, na verdade não se deve usar a equação para "apurar sempre o prejuízo dos Bancos", mas sim para apurar, com exatidão, o equilíbrio de ambas as partes, nos estritos termos do contrato. Nessa apuração devem ser levados a crédito do arrendatário *todos* os pagamentos e antecipações que ele chegou a fazer, *mais* o valor obtido pela venda do bem. Essa soma deve ser comparada com o capital empregado pela arrendadora para adquirir o bem, acrescido do respectivo custo financeiro (descontando-se os juros futuros, ou seja, os juros que seriam devidos pelo arrendador a seus investidores, pelo tempo ainda faltante para o término do prazo contratual) e da expectativa de renda (que é legítima). Se o primeiro total for menor do que o segundo, há prejuízo a ser indenizado pelo arrendatário faltoso; mas se for maior – e pode ocorrer isso, caso o bem esteja bem conservado, alcance um bom preço e não falte muito tempo para terminar o prazo contratual – o excesso deve ser *devolvido* ao arrendatário.

33. *Valor residual contratado e preço de mercado*

— *Se o preço só se forma no momento da venda, não lhe parece abusiva a cláusula que estipula o preço de mercado apenas para o arrendador, enquanto o arrendatário submete-se ao preço estipulado, inclusive obrigando-se a pagar a diferença ao arrendador caso não fique com o bem?*

RESPOSTA: Não. A estipulação no contrato de um valor residual é na verdade bilateral: caso o arrendatário opte pela compra, o arrendador não poderá exigir preço maior, mesmo que o valor de mercado seja superior ao estipulado. Portanto, não há cláusula que "estipula preço de mercado apenas para o arrendador"; no caso de opção, o preço não será o de mercado, mas o contratado, tanto para o arrendador como para o arrendatário. Por outro lado, caso o arrendatário prefira não optar pela compra, terá de pagar a diferença ao arrendador se o preço de mercado se mostrar menor do que o estipulado no contrato, mas *terá direito ao excesso*, se esse preço de mercado se mostrar superior: mais uma vez, vê-se que não há cláusula estipulando o preço de mercado "apenas em favor do arrendador".

É preciso dizer que, no plano da realidade, é praticamente nula a ocorrência de conflitos no momento do exercício da opção de compra. Quando o período de arrendamento chega sem percalços ao seu final, em 99,99% dos casos – apenas para não dizer que em todos os casos – o que ocorre é ou o exercício da opção de compra pelo arrendatário, ou a cessão desse direito, por ele mesmo feita a terceiro, cujo nome indica ao arrendador para que seja feita a venda. Isso acontece porque os arrendatários, mesmo quando não querem ficar pessoalmente com o bem, cuidam eles mesmos de encontrar a melhor colocação para ele no mercado. E, comumente, lucram com isso: o arrendador não tem interesse em supervalorizar o bem no momento de estipular o valor residual, porque isso na verdade aumentaria o seu risco, já que uma parcela maior do seu crédito ficaria na dependência de o bem estar em bom estado no final do arrendamento e encontrar bom comprador. Por isso, praticamente sempre o valor residual estipulado mostra-se menor do que o valor efetivo de mercado, fazendo com que o exercício da opção de compra seja um bom negócio para o arrendatário.

34. Arrendamento único

— *Embora do ponto de vista mercadológico possa ser difícil para o arrendador encontrar quem se interesse por tomar em arrendamento um bem adquirido segundo especificações do primeiro arrendatário, em tese a possibilidade de outro arrendamento sobre o mesmo bem existe, e não há nenhuma vedação legal a essa prática, ou melhor, a Resolução 2.309 expressamente a permite. Assim, não considero apropriado conter no conceito dado pelo ilustre palestrante a regra de "dar em arrendamento único..."*

RESPOSTA: Com efeito, em tese, um segundo arrendamento, com outro arrendatário, sobre um mesmo bem é possível e não é vedado. Mas, dadas as características do negócio, é tão difícil acontecer essa hipótese que deve ser tratada como exceção, que não chega a invalidar a regra geral. O importante é levar em consideração, no momento da formação do contrato, que o arrendamento que está sendo celebrado será, sozinho, bastante para assegurar ao arrendador o retorno do seu capital com rendimento suficiente. Nesse sentido é que eu digo que o arrendamento, *em regra*, é celebrado para ser *único*.

Caso o arrendatário não opte pela compra, devolvendo o bem, e a arrendadora, ao invés de vender, celebrar um novo arrendamento com outra pessoa, o valor pelo qual o bem "entre" na equação financeira deste novo arrendamento deve receber o mesmo tratamento que receberia o preço de venda, ou seja: se for menor do que o VRG do contrato anterior, a diferença será cobrada do arrendatário anterior, e se for maior, o excesso deverá ser pago ao antigo arrendatário.

35. A questão da antecipação de VRG como antecipação da opção de compra

— *Tendo em vista que a Lei 6.099 não prevê estipulação de antecipação de valor residual, esta não deveria ser conside-*

rada como antecipação da opção de compra, tornando aplicável o artigo 11, § 1º, transformando o contrato em compra e venda a prestação? Nessa hipótese, não é caso de descabimento de ação possessória, uma vez que a cada pagamento o arrendatário vai se tornando, no mínimo, coproprietário do bem?

RESPOSTA: Na verdade, a Lei 6.099 prevê que o contrato deve conter o "preço para opção de compra ou critério para sua fixação" (art. 5º, letra "d"). Quando o contrato prevê o preço, trata-se de *leasing* financeiro *strictu sensu*, pois desde logo as partes sabem exatamente qual será o retorno total para o investimento da arrendadora. Quando prevê apenas um critério para futura fixação (valor de mercado, por exemplo), trata-se do que a Resolução 2.309 chama de "arrendamento mercantil operacional", no qual a equação financeira contém uma incógnita e a arrendadora somente saberá, com exatidão, o seu retorno no final, quando vender o bem (ao próprio arrendatário ou a terceiro). As duas modalidades, portanto, têm claro suporte no texto legal.

Na modalidade financeira, para que a equação financeira não contenha incógnita, estipula-se o preço da futura opção de compra como sendo um valor residual *garantido*, ou seja: se o arrendatário preferir não comprar, o contrato garante ao arrendador que, na venda a terceiros, terá direito a exigir o saldo, caso o bem não alcance o valor previsto. Esta estipulação contratual decorre da estrutura lógica da operação, e é lícita, porque nenhum dispositivo de lei a veda.

A estipulação de que haja antecipações sobre esse valor residual contratado também não encontra vedação expressa na lei, e também é coerente com a estrutura da operação, desde que essas antecipações sejam feitas sob a forma de depósitos caucionários. Com esta natureza, as antecipações não representam nem uma opção de compra antes da hora, nem geram condomínio sobre o bem, preservando o direito de propriedade da arrendadora sobre o mesmo.

Restaria analisar se as antecipações representariam alguma forma de abuso de uma parte em relação à outra, o que prejudicaria a sua legitimidade por ofensa à regra geral da boa-fé (que vigora, mesmo que a operação não esteja submetida à incidência do Código do Consumidor). Para fazer tal análise, deve-se primeiro analisar se resulta dano ou benefício para qualquer das partes nas antecipações.

Proponho imaginar duas situações concretas: na primeira, o arrendatário, interessado em um veículo que custa R$ 20.000,00, tem uma poupança no valor de R$ 5.000,00 que lhe rende cerca de 1,2% ao mês. Se ele fizer um *leasing* deixando para pagar o valor residual apenas no final do contrato, o arrendador terá de captar os R$ 20.000,00 inteiros no mercado, e sobre esse montante incidirão os custos financeiros da operação, que, ultimamente, têm girado em torno de 3,5% a 4% ao mês. Vai, portanto, pagar esta taxa durante dois ou três anos, ao mesmo tempo em que recebe, sobre os R$ 5.000,00 que tem na poupança, 1,2% ou menos. No entanto, se ele fizer a antecipação do VRG, deixa de receber estes 1,2%, mas também deixa de pagar 3,5% sobre o valor antecipado, pois a arrendadora terá de captar no mercado apenas R$ 15.000,00. A vantagem do arrendatário é evidente.[25a]

Uma outra situação concreta: o interessado tem um carro usado, pelo qual a concessionária oferece R$ 5.000,00 na troca por um novo, de R$ 20.000,00. Nesta hipótese, a concessionária não vai entregar os R$ 5.000,00 para ele aplicar; a única maneira que ele terá de aproveitar esse crédito em um contrato de *leasing* será mediante antecipação de valor residual.

Como se vê, há vantagem para o arrendatário na antecipação, e não apenas para o arrendador. É claro que este também aufere vantagem, uma vez que seu risco fica menor, na medida em que conta com um depósito que garante o efetivo recebimento do valor residual contratado. Mas, desde que se possa constatar que, realmente, os custos financeiros da operação foram calculados sem incidir sobre as antecipações, não há nenhuma razão, seja de ordem privada, seja de ordem pública, para anatematizar esse sistema, nem para dizer que todas as vezes em que haja antecipação de valor residual terá havido, concomitantemente, antecipação da opção de compra, desvirtuando o negócio.

O que importa mesmo, portanto, é verificar que a equação financeira seja rigorosamente aplicada, considerando matematicamente a existência de eventuais antecipações de valor residual, de modo a que resultem, tais antecipações, em diminuições precisa-

---

25a. As taxas mencionadas são bastante elevadas, mas eram as que estavam em vigor por ocasião do seminário em que a questão foi suscitada. Posteriormente, caíram bastante.

mente calculadas nos valores das contraprestações mensais. Seria abusivo exigir antecipações de residual sem fazê-las refletir com essa precisão matemática no preço do arrendamento; mas, desde que o reflexo se verifique, as antecipações não causam prejuízo – pelo contrário, elas funcionam como um instrumento poderoso de poupança para o arrendatário que tem interesse em vir a adquirir o bem no fim do arrendamento.

Embora a lei exija que a opção de compra não seja exercida antes do fim do prazo de arrendamento (para não resultar em mau uso das vantagens fiscais concedidas), nada impede que o arrendatário já tenha, desde o início, a intenção de vir a exercê-la, "construindo" o contrato com vistas a alcançar esse desígnio, seja estipulando um valor residual baixo, seja utilizando o mecanismo de antecipar paulatinamente esse valor residual, construindo uma poupança ao mesmo tempo em que reduz o custo financeiro da operação. São, repito, desígnios perfeitamente lícitos, que a flexibilidade do contrato de *leasing* permite satisfazer.

36. A questão da variação cambial

— *É legal a cláusula que prevê a atualização das contraprestações pela variação cambial?*

RESPOSTA: Perfeitamente legal. A questão da estipulação de obrigações em moeda estrangeira veio a ser inteiramente disciplinada pelo artigo 6º, da Lei 8.880, de 27 de maio de 1994, que estabeleceu, como regra geral, a nulidade plena dessas estipulações, exceto mediante autorização expressa em lei federal *e nos contratos de "leasing" baseados em captação de recursos provenientes do exterior*. Essa disciplina, que regula inteiramente a matéria, revoga quaisquer normas anteriores a respeito, inclusive eventuais disposições do Código do Consumidor, que é de 1990.

Vale lembrar que os dólares captados no exterior para lastrear operações de *leasing* são de "boa qualidade", por duas razões importantes: primeiro, são contratados para retornar no prazo de dois ou três anos, não sendo portanto "dinheiro volátil", que "some" do país a qualquer sinal de alarme mundo afora, bastando às vezes que um primeiro ministro da Europa oriental ou um investidor de bolsas asiáticas acorde de mau humor ou de ressaca e declare alguma insanidade (ou, ainda, que algum político brasileiro de algum prestígio diga uma asneira). Segundo, porque como esses recursos são, necessariamente, utilizados para comprar bens duráveis – pois é essa a atividade das empresas de *leasing* – o dinheiro é injetado no incremento à produção, gerando riqueza (e pagamento de tributos como ICMS e IPI) e colaborando para aumentar o PIB. Aliás, quanto a isto, cabe estranhar que alguns "juristas" venham declarando que é "um absurdo" contratar em dólar o *leasing* de produtos nacionais: pelo jeito, esses "juristas" prefeririam que os recursos externos servissem apenas para financiar importações... Assim, não foi para "privilegiar" as empresas de *leasing* que a lei federal excepcionou as operações de *leasing* da regra geral de proibição de contratar em moeda estrangeira.

Além disso, ninguém ignora que os juros brasileiros são muito superiores aos internacionais; as operações de empréstimo contratadas no exterior pelas empresas de *leasing*, assim, custam mais barato – mas estão sujeitas à variação cambial, pois as obrigações têm de ser cumpridas no exterior, em divisas.

Ao se deparar com um contrato que contenha cláusula de variação cambial, o jurista deve se preocupar em verificar se a vantagem consistente no custo financeiro mais baixo foi repassada para o arrendatário; se foi, é justo e correto repassar também o risco da variação cambial, pois a vantagem correspondente a esse risco beneficia o arrendatário. Entendo, assim, que se poderia até falar em abusividade, quando comprovadamente o arrendador, embora estipulando no contrato a variação cambial, tenha operado a um custo financeiro semelhante ao que pratica nas operações em reais, porque nesse caso ele repassou o risco sem repassar o correspondente benefício.

Esta questão veio à balha com maior veemência por causa do que aconteceu em janeiro de 1999, quando, por causa da alteração de política cambial, o dólar num primeiro momento "disparou", causando pânico entre os arrendatários que tinham suas obrigações atreladas ao câmbio. As discussões mais sérias, no entanto, não estão centradas na questão da legalidade da cláusula, mas, sim, na eventual caracterização, na hipótese, de um "fato imprevisível", que enseje invocar a cláusula *rebus sic stantibus* para interferir no âmbito da obrigatoriedade estrita dos compromissos assumidos, invocando-se, amiúde, as disposições do Código do Consumidor.

Não vou entrar na discussão sobre a aplicabilidade ou não do Código do Consumidor aos contratos de *leasing*, até porque o Seminário prevê uma palestra específica sobre isso, a cargo do Dr. Carlos Parussolo. No entanto, para começar, acho difícil falar em "imprevisão" a respeito de uma cláusula que os contratos prevêem expressamente. Como pode haver imprevisão na previsão?

Vá lá, o câmbio vinha razoavelmente estável desde o início do Plano Real, o que pode ter encorajado muitos a crer que continuaria assim indefinidamente. Mas quem procure analisar a questão com frieza e efetiva isenção terá de reconhecer que não eram poucos os que alertavam para a supervalorização do real em relação ao dólar, e isso era amplamente divulgado pela imprensa especializada. Pelas estatísticas da ABEL,[26] foram cerca de setecentas mil as pessoas físicas que contrataram *leasing* nos anos de 1997 e 1998. Isso é menos de meio por cento da população. É menos de dez por cento dos que declaram Imposto de Renda. É menos da metade da tiragem das três maiores revistas semanais do país (*Veja*, *Isto É* e *Época*, que totalizam 1,92 milhão de exemplares por semana, segundo reportagem que li no avião, na revista *Ícaro*, da Varig, n. 176). Não se trata, pois, de gente pertencente à massa geral, pouco informada e hipossuficiente (inclusive porque a imensa maioria se valeu do *leasing* para comprar automóveis).

Tanto assim que daquelas cerca de setecentas mil pessoas físicas que fizeram contratos em 1998, apenas pouco mais de 17% optaram pela variação cambial, o que significa que para cada um que assumiu esse risco, há mais de quatro outros que preferiram não assumir, dado que revela, também, que o risco não era tão "oculto" como, agora, muitos querem fazer crer.

Não quero chegar a dizer que não deva haver nenhuma revisão ou modificação nos contratos em dólar; de fato, embora as taxas tenham, até com bastante rapidez, recuado a níveis realísticos, nos primeiros dias houve mesmo uma alta excessiva que pode ter comprometido a capacidade de pagamento dos mais afoitos. Mas não posso concordar com as soluções que têm sido propostas, de passar a aplicar correção monetária pelo INPC às obrigações (pois isso é vedado pela lei, e contraria o próprio âmago do plano de estabilização, que não suportaria a volta da indexação), ou de utilizar algum outro artifício para isentar os arrendatários do risco assumido. Isso seria, até, um desrespeito para com os mais de 80% de arrendatários

26. Associação Brasileira das Empresas de *Leasing*.

que não quiseram assumir esse risco. Acho realmente, pois, que o mais correto é, em casos em que a necessidade disso seja bastante patente (vale dizer: naqueles casos em que a falta de revisão contratual "empurre" o arrendatário para a inadimplência), a modificação se faça através da ampliação do prazo do arrendamento, preservando, ao mesmo tempo, a capacidade de pagamento e o cumprimento dos compromissos contratuais. E tenho certeza de que, tendo o dólar recuado para valores razoáveis, como recuou, ao final desses contratos será possível constatar que o desembolso total dos arrendatários em dólar não será muito diferente do montante desembolsado pelos outros, que contrataram em reais, porque o custo financeiro destes já era maior desde o início. Os arrendatários que contrataram em dólar não terão prejuízo: na verdade, apenas deixarão de auferir a vantagem especial que teriam, em decorrência da taxa menor, caso a alta do câmbio não se verificasse. Mas esse era, precisamente, o risco que haviam assumido.

36A. *Ações revisionais coletivas*

— *Que dizer das ações coletivas que têm sido aforadas, pelo Ministério Público e por entidades de defesa dos consumidores, para alterar os contratos que contêm cláusulas de variação cambial?*

RESPOSTA: A primeira dúvida que tais ações suscitam reside precisamente na questão da aplicabilidade ou não do Código de Defesa do Consumidor aos contratos de *leasing*. Esta questão vai longe de ser pacificada, podendo ser encontradas decisões judiciais tanto no sentido da aplicabilidade, como da inaplicabilidade. Caso se conclua pela inaplicabilidade, *tollitur quaestio*: não é possível aforar ações coletivas.

Tomemos como pressuposto, no entanto, a admissão da possibilidade do ajuizamento destas ações, até para permitir a continuação do debate. Haverá, então, um segundo problema de ordem processual a enfrentar: quem tem a legitimidade coletiva? O problema se impõe, desde logo, em relação ao Ministério Público. Os contratos de *leasing* em dólar celebrados por pessoas físicas alcançam apenas uma parcela relativamente pequena do universo de arrendatários (na verdade, apenas 17 a 18% deles). Além disso, a estes contratantes foi outorgada, em troca do risco da variação cambial, a vantagem de uma taxa significativamente mais baixa. Em princípio, portanto, não parece haver aquela *abrangência social* de que fala o prof. Kazuo Watanabe (um dos pais do Código do Consumidor) para justificar a intervenção do Ministério Público na solução do problema, que envolve direitos disponíveis de uns poucos cidadãos. Nessa linha, parece-me ainda mais duvidosa a legitimidade da OAB, que nem mesmo tem feição de organismo de defesa dos consumidores, nos termos de seu próprio Estatuto.

Restam as associações de consumidores que tenham sido formadas com finalidade específica de exercer a defesa coletiva destes. Aqui, parece não haver dúvida quanto à legitimidade ativa, *ao menos* em favor dos associados.

Mas resta observar o seguinte: a propositura de uma ação coletiva supõe a possibilidade da adoção de uma solução coletiva, ou seja, de um provimento jurisdicional que, aplicado aos casos individuais, afaste, de maneira homogênea para todos os interessados, eventuais efeitos deletérios provocados pela variação cambial superior ao esperado.

A julgar pelos pedidos normalmente veiculados nessas ações coletivas, imagina-se que a substituição da cláusula de variação cambial por uma de correção monetária segundo os índices do INPC seria essa solução coletiva homogênea. Mas, na verdade, não é.

Como os contratos de *leasing* em dólar tiveram, em regra, uma taxa muito menor do que os celebrados em moeda nacional, resulta que essa vantagem foi auferida de maneira diferente pelos diversos arrendatários que tinham contratos em vigor no fatídico mês de janeiro de 1999. Quanto mais antigo fosse o contrato, maior a vantagem já auferida pelo arrendatário até então. Na verdade, a variação mais acentuada do câmbio, naquele mês, atingiu *de maneira desigual* os diversos arrendatários: quanto mais recente o contrato, maior o impacto – e vice-versa: aqueles para quem faltavam poucos meses para o fim do arrendamento, sofreram pouco com a alta da moeda estrangeira, além de já terem sido compensados pela contínua vigência de uma taxa de arrendamento mais baixa.

Assim, *faltando um dano homogêneo, não há como imaginar uma solução homogênea*. "Trocar" simplesmente a variação do dólar pela do INPC, além de ser ilegal (posto que a vinculação de obrigações à variação de índices de preços somente é permitida em circunstâncias e periodicidades especiais), fornece uma solução que vai beneficiar mais a uns do que a outros; e isto vai contra a própria razão de ser da solução jurisdicional coletiva.

Minha convicção, pois, é a de que o "problema" causado pela mudança de política cambial que provocou uma súbita alta do dólar em janeiro de 1999 não tem *alcance coletivo* suficiente para ensejar a adoção de quaisquer soluções jurisdicionais de natureza coletiva, seja porque não atingiu um universo efetivamente significativo da sociedade, seja porque mesmo os que foram atingidos o foram de maneira desigual, uns mais, outros menos, desfigurando o pressuposto básico desse tipo de ação, que é a existência, no mínimo, de interesses individuais *homogêneos* que alcancem parcela significativa da sociedade.

37. Ação possessória e antecipação de tutela

— *A ação possessória com liminar é uma construção pretoriana no caso do "leasing", uma vez que não está prevista na Lei 6.099. O direito não é uma ciência exata, e o juiz é um ser humano, devendo portanto atuar a jurisdição de maneira temperada, apreciando a concessão de liminar antecipativa de tutela de acordo com os pressupostos de "fumus boni juris" e "periculum in mora".*

RESPOSTA: Não concordo que o cabimento de ação possessória com liminar, nos casos de descumprimento de contrato de *leasing*, decorra de construção pretoriana. Como visto, o contrato estabelece um sinalagma entre o uso e o pagamento da renda. A posse que o arrendatário exerce, para poder usar o bem, é justificada pelo contrato. Se o contrato é descumprido, a posse se torna injusta, ou seja, esbulhatória. A ação, portanto, é bem fundamentada no artigo 926 do Código de Processo Civil, e a liminar deverá ser concedida pelo juiz diante de prova da existência e da data do esbulho, como dispõe o artigo 928, sem maiores perquirições sobre *fumus boni juris* e *periculum in mora*. A prova documental – que consiste na existência de notificação ao réu denunciando a situação de mora, ou na certidão de um oficial de Registro de Títulos e Documentos no sentido de que procurou o réu no endereço constante do contrato e ele de lá mudou-se – dispensa até mesmo a audiência de justificação. Mas o juiz sempre poderá, fundamentando-se em dúvida motivada quanto a essa prova, retardar a concessão de liminar até a realização de uma audiência de justificação. Esses passos estão, todos, previstos na lei, não havendo razão para invocar qualquer construção pretoriana a respeito.

Certamente o direito não pode ser visto como uma *ciência exata*; o Prof. Miguel Reale ensinou-nos a todos a buscar nele sempre as suas três dimensões (fato, valor e norma). E, por certo, em face de fatos ou valores que se evidenciem ante ele, o juiz deverá temperar a aplicação da norma e a outorga de provimento jurisdicional. Mas a busca do equilíbrio e da razoabilidade é sempre essencial.

— *Qual a saída se o juiz negar a reintegração da arrendadora na posse a pretexto de que o bem é essencial para a atividade da arrendatária e a sua apreensão irá causar desemprego e problemas sociais?*

RESPOSTA: A hipótese figurada parece-me contemplar a situação concreta seguinte: colocado pelo autor diante de uma crise jurídica individual, o juiz acaba por ver-se na contingência de considerar uma crise de natureza coletiva ou social, já porque o réu veio lamentar-se de que a perda do bem vai paralisar suas atividades, já porque – o que é possível, notadamente em comarcas pequenas – a própria sociedade, que o juiz também integra, demonstra que vai se ressentir das conseqüências do provimento jurisdicional perseguido pelo autor.

Pode o juiz, nessas circunstâncias, ficar tentado a atuar a jurisdição de modo a proteger os interesses que lhe parecem política ou socialmente mais relevantes, desprezando o direito alegado pelo autor – nem mesmo porque não reconheça esse direito, mas porque lhe parece mais justo, mesmo com prejuízo do requerente, atender a valores mais abrangentes.

Não direi que ele não deva fazer isso, de forma absoluta. O escopo maior da atividade jurisdicional é produzir paz social, e não haveria sentido em obrigar o juiz a um rigor legal absoluto na solução de conflito individual, sabendo que essa solução irá agravar uma situação coletiva, fazendo com que o provimento, que tinha como objetivo pacificar, acabe por ter efeito contrário.

Mas é preciso lembrar o seguinte: como agente do poder público que é, o juiz atua conforme dois parâmetros básicos, que são, de um lado, a efetividade dessa atuação na busca de seus escopos mais relevantes e, de outro lado, a legalidade dessa atuação, porque admitir que o juiz tem poder de atuar mesmo em desconformidade com a lei é dizer que ele tem poder absoluto, o que não se afina com o Estado democrático de Direito que devemos todos construir.

Então, o juiz não pode construir o raciocínio que o leva a negar a reintegração ao autor com base na premissa de que "o autor é um banco, uma empresa financeira, e agüenta esse prejuízo, enquanto que a comunidade não o agüenta". Isso eqüivaleria a expropriar o autor, ou do próprio bem, ou mesmo da renda que esse bem lhe deve produzir. E o juiz não tem o poder de expropriar; a Constituição Federal somente admite a expropriação por utilidade pública ou social, mediante indenização prévia e justa e através do devido processo legal, que começa com a declaração de utilidade por parte do Poder Executivo. O juiz simplesmente não pode, não tem poder para subtrair ao autor-arrendante nem o seu direito de propriedade do bem, nem o seu direito de receber renda pelo uso que o arrendatário faz desse bem.

Uma atitude dessa natureza, por parte do juiz, pode gerar para o arrendador até mesmo um direito de pleitear indenização do próprio Estado, pois, para que este favorecesse uma determinada comunidade – ou seja, para que se atendesse a um suposto interesse público –, ficou privado de um direito legítimo seu. E como essa privação ocorreu por ato arbitrário do juiz (que fez uma coisa que estava além de seu poder), até mesmo esse juiz poderia ser responsabilizado nessa ação indenizatória. Não se trata, aí, de simples *error in judicando*.

O juiz também não pode "quebrar o galho" do devedor que está em mora, negando uma liminar como se estivesse concedendo uma "moratória branca" para ele, ou lhe proporcionando uma "sobrevida" às custas da delonga natural do processo judicial. Se fizer isso, o juiz estará atuando contra a própria dignidade do Poder Judiciário.

Que dizer, então? De um lado, vimos que seria um contra-senso que o juiz, a pretexto de praticar um provimento jurisdicional destinado a pacificar, venha, na realidade, a causar transtorno; de outro lado, vimos que ele também não pode simplesmente deixar de atuar a jurisdição a que o autor tem direito, a pretexto desse possível transtorno que isso causaria. Como resolver tal impasse?

Dentro do âmbito do processo individual – ou seja, do processo em que a demanda objetivamente colocada diz respeito à relação apenas entre o arrendador, que tem a propriedade do bem e o direito à renda que este produz, e o arrendatário, que está na posse do bem mas não está pagando essa renda –, eu diria que considero, digamos assim, factível, aceitável, uma decisão liminar que mantivesse o réu na posse e no direito de utilizar o bem, cominando-lhe, como condição, que voltasse a pagar o sinalagma, a pagar a renda, durante o prazo do processo. Pelo menos, a situação de crise de adimplemento não seria agravada pela delonga natural do debate jurisdicional. Se estiver instaurada uma crise de dúvida quanto ao valor dessa renda devida, no mínimo, o juiz, em sede de conhecimento precário (liminar), deve exigir do arrendatário que pretende continuar na posse do bem uma caução idônea, que demonstre, objetivamente, que ele não está instaurando uma crise de dúvida apenas para mascarar o que, na realidade, é simples crise de adimplemento; mas a questão que estamos examinando não supõe essa crise de dúvida, supõe apenas a situação em que o arrendatário diz ao juiz: parei de pagar, mas não posso ficar sem o bem, porque senão vou ser obrigado a parar a empresa e demitir todo o mundo.

Ao arrendador que se veja na contingência de ter negado o seu direito à reintegração imediata na posse do bem de sua propriedade, sob o fundamento de que a atividade do arrendatário é relevante para a comunidade e a subtração do bem comprometeria essa atividade, eu diria: assuma sua condição de credor de dívida líquida, certa e vencida e peça ao juiz a decretação da falência ou a declaração da insolvência civil do arrendatário. Estará fornecendo ao magistrado, assim, uma oportunidade de assumir, através de um síndico ou de um liqüidante, a própria administração do negócio do arrendatário; em outras palavras, estará instaurando um processo de natureza coletiva, em que o juiz terá mais liberdade e legitimidade para praticar o ativismo judiciário a que parece disposto, determinando a continuação do negócio do arrendatário sob a administração do síndico; e este, por certo, terá de considerar a satisfação dos credores em geral nessa continuação negocial; especialmente, tendo-se em vista que o contrato de *leasing* é bilateral, o síndico terá de manifestar-se expressamente sobre o interesse da massa em cumpri-lo. Se declarar que quer cumprir, terá de voltar a pagar a renda mensal, pois isso é da essência do cumprimento pretendido. Se a massa não tiver condições de pagar essa renda, não haverá alternativa senão resolver o contrato e, conseqüentemente, devolver o bem ao seu dono, permanecendo os créditos contratuais como quirógrafos a serem, oportuna e possivelmente, satisfeitos. Mas, com certeza, diante de uma postura como essa não prevalecerá nenhum "fingimento" do arrendatário quanto à sua real capacidade de pagamento.

38. Purgação da mora

— *Não estaria o juiz negando jurisdição ao arrendatário, se conceder liminar reintegratória sem antes dar a ele oportunidade para purgar a mora, direito que lhe é assegurado pelo artigo 959 do Código Civil?*

RESPOSTA: Não. A mora, nos contratos de *leasing*, configura-se *ex re*, pelo simples descumprimento da obrigação pecuniária na data aprazada, como estabelece o artigo 960 do Código Civil. Se o contrato contiver cláusula resolutória expressa, condicionada à ocorrência dessa mora, o arrendamento, nessa hipótese, poderá ser considerado extinto e, portanto, desaparecido o título que justificava a posse do arrendatário, o que torna perfeitamente legítima a concessão liminar de tutela reintegratória.

Afinal, esse é o pedido formulado pelo arrendante, e o juiz não pode se por a "adivinhar" qual a tutela que, por sua vez, o arrendatário virá a pleitear. Assim, diante do pedido possessório fundamentado e documentado, o juiz negará jurisdição, isto sim, se deixar de conceder a liminar, pedida com base nos pressupostos legais.

A purgação da mora por parte do devedor deve ser iniciativa deste, não cabendo ao credor de obrigação caracterizada na forma do artigo 960 do Código Civil (positiva, líquida e vencida) dever algum de dar ao devedor oportunidade de purga; e nem ao juiz, nesta hipótese, pois não há para tanto previsão legal. A purgação da mora após a citação judicial é prevista em lei apenas nos casos de locação imobiliária e de alienação fiduciária – mesmo assim, em ambas as hipóteses, mediante pedido expresso do devedor – e, no segundo caso, ainda, somente quando este já tenha pago pelo menos 40% do mútuo garantido.

Portanto, não cabe de modo algum falar em "negativa de jurisdição ao réu" quando o juiz, de plano, concede liminar possessória, pois o juiz não tem como negar o que ainda ninguém lhe pediu. Já, no caso em que, ao invés de contestar, o devedor pleiteie oportunidade de purgar a mora, a meu ver não lhe assiste esse direito, posto que a iniciativa já se mostra tardia, uma vez que seu inadimplemento já pode ser considerado absoluto. Pode, no entanto, ocorrer que essa purgação interesse ao próprio arrendador, que não tem real interesse no bem em si mesmo, senão para vendê-lo e recuperar seu capital e seu lucro. O caminho para o juiz, portanto, poderia ser o do artigo 331 do Código de Processo Civil, ou seja, a designação de audiência de conciliação, procurando cumprir sua função essencial, que é a de compor os conflitos, através da promoção da transigência entre as partes ao invés da outorga jurisdicional. Mas, se for obrigado a esta última, não me parece que possa forçar o arrendador a aceitar a purgação da mora, por falta de amparo legal.

39. Fiel depositário

— *É legítima a inserção nos contratos de cláusula que nomeie um fiel depositário para o bem? Estaria este sujeito a prisão civil, caso o bem não seja encontrado para cumprir a ordem de reintegração?*

RESPOSTA. Não me parece legítima essa cláusula, porque é incoerente. Não se pode, num mesmo ato (contratação do *leasing*) entregar um bem em arrendamento e também em depósito: ou uma coisa, ou outra. São situações jurídicas até mesmo incompatíveis entre si: o contrato de arrendamento tem como objeto o uso remunerado do bem (remuneração paga pelo arrendatário); o contrato de depósito tem como objeto a guarda do bem, podendo ser gratificada (Cód. Civil, art. 1.265, parágrafo único) – mas quem gratifica é o depositante, nunca o depositário. Além disso, a regra é até mesmo que o depositário nem possa usar o bem depositado, a não ser que seja a tanto expressamente autorizado pelo depositante (Cód. Civil, art. 1.275).

É de tal magnitude a incompatibilidade entre os dois institutos que, pessoalmente, reputo uma cláusula de depósito, inserida em um contrato de *leasing*, como tão inócua como se nem tivesse sido escrita. Não chega nem mesmo a ser abusiva, posto que abusividade pressupõe eficácia, e essa cláusula é inteiramente ineficaz, a meu ver: não sendo fisicamente possível entregar o mesmo bem, ao mesmo tempo, a um, como arrendatário, e a outro, como depositário, incide a nulidade absoluta do art. 145, inciso I, do Código Civil ("é nulo o ato jurídico quando ilícito *ou impossível* o seu objeto").[26a]

Certamente essa inserção foi "copiada" da alienação fiduciária, mas a analogia é inviável. A alienação fiduciária é um pacto acessório de garantia, mediante o qual o proprietário de um bem o aliena a seu credor, transferindo-lhe a propriedade e a posse, e passando a assumir, por força de dispositivo legal, a posição de mero depositário desse bem. O credor, de sua parte, adquire sobre a coisa um direito real próprio (já que recebe a propriedade e a posse), mas que não tem natureza de gozo, apenas de garantia. É a única hipótese de que já ouvi falar de "direito real de garantia sobre bem próprio". Caso a obrigação garantida não seja cumprida, o credor simplesmente exige do depositário a entrega do bem, podendo valer-se de ação de busca e apreensão em caso de recusa, conversível em ação de depósito caso o bem não seja encontrado; mas uma vez na posse direta do bem, não o pode usar, gozar ou fruir, uma vez que o seu direito não é de gozo mas de garantia: a única coisa que pode fazer é liquidar o bem, vendê-lo para o converter em dinheiro e, com esse dinheiro, satisfazer a obrigação garantida.

Nada disso ocorre no *leasing*, em que o direito real do arrendador é, efetivamente, de gozo, e ele assina um contrato de fruição, passando a receber renda; este contrato é que justifica a posse do arrendatário, que paga para usar; jamais uma situação de depósito.

Isso, no entanto, não significa que o arrendatário possa "sumir" com o bem. O fato de não ser depositário implica que não fique sujeito à prisão civil; mas, salvo venha a exercer a opção de compra ou de renovação do arrendamento, tem o dever de restituir o bem ao arrendador, uma vez extinta, por qualquer razão, a relação de arrendamento. Se não o fizer, responderá civilmente e, se tiver, por exemplo, transferido o bem ilegitimamente a terceiros, ficando com o produto dessa transferência, terá praticado crime de apropriação indébita, sujeitando-se à pena correspondente.

26a. Cabe anotar, porém, que o E. Supremo Tribunal Federal veio a considerar válida a estipulação simultânea de contrato de arrendamento e de depósito, ao julgar, em 22 de junho de 1999, o recurso extraordinário 228.325-5, do Rio Grande do Sul, sob relatório do Min. Sepúlveda Pertence. Com a devida vênia, no entanto, os fundamentos constantes desse v. acórdão não me convenceram a modificar minha posição contrária a essa "cumulação" de relações jurídicas tão díspares entre si.

40. Inadequação do contrato para pessoas naturais

— *Uma vez que o "leasing" nasceu como um instrumento destinado a proporcionar equipamentos para as indústrias, fiel ao conceito "pay as you earn", em que a renda contratada deve ser paga com o produto da própria utilização do bem, não lhe parece inadequada a utilização desse contrato por pessoas físicas?*

RESPOSTA: De fato, se examinarmos o contrato estritamente do ângulo de suas origens históricas – se não como contrato em si mesmo, ao menos enquanto atividade econômica – poderíamos ser tentados a concluir que sua utilização pelas pessoas naturais, ou mesmo pessoas jurídicas, mas fora do âmbito das relações estritamente de produção, seria inadequada.

Mas se formos olhar para o mundo real – e é fácil fazê-lo até pela janela da *internet* –, veremos o seguinte: no Brasil (não disponho de dados sobre outros países), o Conselho Monetário Nacional passou a permitir a livre contratação de *leasing* por pessoas físicas a partir da promulgação da Resolução 2.309, de 28 de agosto de 1996. Já em 1997, foram 192.503 as pessoas naturais que celebraram contratos de *leasing*. No ano seguinte (1998), foram 541.382 pessoas. E, em 1999, com toda a crise, foram 343.315 pessoas. Ou seja, em três anos, mais de um milhão de pessoas naturais se interessaram em celebrar contratos de *leasing*.

Ora, dizer que mais de um milhão de pessoas, em apenas três anos, celebraram contratos "inadequados", apenas porque esses contratos, na sua origem histórica, eram utilizados por indústrias para adquirir equipamentos, seria quase uma arrogância acadêmica.

Diante desse quadro, o que cabe realmente ao jurista fazer é arregaçar as mangas e procurar identificar, no mundo real, as razões concretas pelas quais essa modalidade contratual alcança tanto sucesso fora de seu âmbito de origem. É preciso ter em mente que o direito contratual é sempre o que primeiro responde às demandas da realidade, fornecendo instrumentos jurídicos para utilização dos agentes sociais e econômicos na medida mesma em que as exigências da vida se apresentam.

Na realidade, parece-me que é cada vez maior a freqüência do interesse das pessoas – naturais ou jurídicas – por coisas que apresentam uma dimensão temporal; em outras palavras, coisas que têm valor muito mais pela utilidade que proporcionam do que pelo patrimônio que representam.

É principalmente este o campo de incidência da modalidade negocial do *leasing*. Ela permite ao interessado administrar com flexibilidade o tempo pelo qual vai ter interesse em determinado objeto; permite, também, o acesso ao gozo de bens mais dispendiosos, mediante a contratação de um arrendamento e de um valor residual que tornará possível a respectiva compra depois de certo período; e ainda, em razão da alternativa de renovação do arrendamento (que a Lei 6.099/74 impõe), permite que o período de gozo desse bem, através do pagamento da respectiva renda, se estenda exatamente na medida do interesse que houver por ele.

Enfim: não, eu não acho que o contrato de *leasing* seja inadequado para pessoas naturais. Ele será perfeitamente adequado para qualquer um que tenha interesse em usar e gozar de qualquer bem, durante um tempo limitado, mesmo sem adquirir-lhe a propriedade; ou, ainda, qualquer um que tenha interesse em planejar a compra de um bem, no futuro, usando-o desde logo a título de arrendamento, mesmo que esse bem seja de natureza permanente, como um imóvel. Ou seja: não vejo razão para, a pretexto de "inadequação", furtar de quem quer que seja o acesso a mais este instrumento de realização de projetos mediante financiamento. O *leasing*, no fundo, não é outra coisa.

É certo que não é o único instrumento de financiamento disponível; mas tem suas peculiaridades e estas podem ser precisamente as que servem em determinadas ocasiões, em detrimento de outros instrumentos. Basta lembrar, por exemplo, que as empresas de *leasing* dedicam-se, com exclusividade, a adquirir bens que produzem renda: isso garante a elas uma solidez estrutural que torna de baixo risco os investimentos que recebem. Em razão desse baixo risco, têm elas acesso a capitais de baixo custo; por isso, apresentam condições de oferecer taxas de arrendamento menores do que as taxas de financiamento em geral. Essa me parece ser a razão de seu sucesso; esse sucesso perdurará precisamente pelo tempo em que o *leasing* efetivamente corresponder à utilidade instrumental que dele esperam os agentes econômicos e sociais.

APÊNDICE
LEGISLAÇÃO E NORMAS ADMINISTRATIVAS APLICÁVEIS

Lei n. 6.099, de 12 de setembro de 1974
(com a redação dada pela Lei 7.132, de 26 de outubro de 1983)

> Dispõe sobre o tratamento tributário das operações de arrendamento mercantil, e dá outras providências.

Art. 1º. O tratamento tributário das operações de arrendamento mercantil reger-se-á pelas disposições desta Lei.

Parágrafo único. Considera-se arrendamento mercantil, para os efeitos desta Lei, o negócio jurídico realizado entre pessoa jurídica, na qualidade de arrendadora, e pessoa física ou jurídica, na qualidade de arrendatária, e que tenha por objeto o arrendamento de bens adquiridos pela arrendadora, segundo especificações da arrendatária e para uso próprio desta.[27]

Art. 2º. Não terá o tratamento previsto nesta Lei o arrendamento de bens contratado entre pessoas jurídicas direta ou indiretamente coligadas ou interdependentes, assim como o contratado com o próprio fabricante.

§ 1º. O Conselho Monetário Nacional especificará em regulamento os casos de coligação e interdependência.

§ 2º. Somente farão jus ao tratamento previsto nesta Lei as operações realizadas ou por empresas arrendadoras que fizerem dessa operação o objeto principal de sua atividade ou que centralizarem tais operações em um departamento especializado com escrituração própria.

Art. 3º. Serão escriturados em conta especial do ativo imobilizado da arrendadora os bens destinados a arrendamento mercantil.

27. Redação original: "Parágrafo único. Considera-se arrendamento mercantil a operação realizada entre pessoas jurídicas, que tenha por objeto o arrendamento de bens adquiridos a terceiros pela arrendadora, para fins de uso próprio da arrendatária e que atendam às especificações desta."

Art. 4º. A pessoa jurídica arrendadora manterá registro individualizado que permita a verificação do fator determinante da receita e do tempo efetivo de arrendamento.

Art. 5º. Os contratos de arrendamento mercantil conterão as seguintes disposições:

a) prazo de contrato;

b) valor de cada contraprestação por períodos determinados, não superiores a um semestre;

c) opção de compra ou renovação de contrato, como faculdade do arrendatário;

d) preço para opção de compra ou critério para sua fixação, quando for estipulada esta cláusula.

Parágrafo único.[28] Poderá o Conselho Monetário Nacional, nas operações que venha a definir, estabelecer que as contraprestações sejam estipuladas por períodos superiores aos previstos na alínea "b" deste artigo.

Art. 6º. O Conselho Monetário Nacional poderá estabelecer índices máximos para a soma das contraprestações, acrescidas do preço para o exercício da opção de compra nas operações de arrendamento mercantil.

§ 1º. Ficam sujeitas à regra deste artigo as prorrogações do arrendamento nele referido.

§ 2º. Os índices de que trata este artigo serão fixados, considerando o custo do arrendamento em relação ao do financiamento da compra e venda.

Art. 7º. Todas as operações de arrendamento mercantil subordinam-se ao controle e fiscalização do Banco Central do Brasil, segundo normas estabelecidas pelo Conselho Monetário Nacional, a elas se aplicando, no que couber, as disposições da Lei 4.595, de 31 de dezembro de 1964, e legislação posterior relativa ao Sistema Financeiro Nacional.

Art. 8º. O Conselho Monetário Nacional poderá baixar resolução disciplinando as condições segundo as quais as instituições financeiras poderão financiar suas coligadas ou interdependentes, que se especializarem em operações de arrendamento mercantil.

Art. 9º. As operações de arrendamento mercantil contratadas com o próprio vendedor do bem ou com pessoas jurídicas a ele vinculadas, mediante quaisquer das relações previstas no art. 2º desta Lei, poderão também ser realizadas por instituições financeiras expressamente autorizadas pelo Conselho Monetário Nacional, que estabelecerá as condições para a realização das operações previstas neste artigo.

---

28. Parágrafo inserido pela Lei 7.132/83.

Parágrafo único. Nos casos deste artigo, o prejuízo decorrente da venda do bem não será dedutível na determinação do lucro real.[29]

Art. 10. Somente poderão ser objeto de arrendamento mercantil os bens de produção estrangeira que forem enumerados pelo Conselho Monetário Nacional, que poderá, também, estabelecer condições para seu arrendamento a empresas cujo controle acionário pertencer a pessoas residentes no exterior.

Art. 11. Serão consideradas como custo ou despesa operacional da pessoa jurídica arrendatária as contraprestações pagas ou creditadas por força do contrato de arrendamento mercantil.

§ 1º. A aquisição pelo arrendatário de bens arrendados em desacordo com as disposições desta Lei será considerada operação de compra e venda a prestação.

§ 2º. O preço de compra e venda, no caso do parágrafo anterior, será o total das contraprestações pagas durante a vigência do arrendamento, acrescido da parcela paga a título de preço de aquisição.

§ 3º. Na hipótese prevista no § 1º, deste artigo, as importâncias já deduzidas, como custo ou despesa operacional pela adquirente, acrescerão ao lucro tributável pelo Imposto sobre a Renda, no exercício correspondente à respectiva dedução.

§ 4º. O imposto não recolhido na hipótese do parágrafo anterior será devido com acréscimo de juros e correção monetária, multa e demais penalidades legais.

Art. 12. Serão admitidas como custos das pessoas jurídicas arrendadoras as cotas de depreciação do preço de aquisição do bem arrendado, calculadas de acordo com a vida útil do bem.

§ 1º. Entende-se por vida útil do bem o prazo durante o qual se possa esperar a sua efetiva utilização econômica.

§ 2º. A Secretaria da Receita Federal publicará periodicamente o prazo de vida útil admissível, em condições normais, para cada espécie de bem.

§ 3º. Enquanto não forem publicados os prazos de vida útil de que trata o parágrafo anterior, a sua determinação se fará segundo as normas previstas pela legislação do Imposto sobre a Renda para fixação da taxa de depreciação.

Art. 13. Nos casos de operações de vendas de bens que tenham sido

---

29. Redação original: "Art. 9º. As operações de arrendamento mercantil contratadas com o próprio vendedor do bem ou com pessoas jurídicas a ele vinculadas, mediante qualquer das relações previstas no art. 2º desta Lei, poderão enquadrar-se no tratamento tributário previsto nesta Lei. § 1º. Serão privativas das instituições financeiras as operações de que trata este artigo. § 2º. O Conselho Monetário Nacional estabelecerá as condições para a realização das operações previstas neste artigo. § 3º Nos casos deste artigo, não se admitirá a dedução do prejuízo decorrente da venda dos bens, quando da apuração do lucro tributável pelo Imposto sobre a Renda."

objeto de arrendamento mercantil, o saldo não depreciado será admitido como custo para efeito de apuração do lucro tributável pelo Imposto sobre a Renda.

Art.. 14. Não será dedutível, para fins de apuração do lucro tributável pelo Imposto sobre a Renda, a diferença a menor entre o valor contábil residual do bem arrendado e o seu preço de venda, quando do exercício da opção de compra.

Art. 15. Exercida a opção de compra pelo arrendatário, o bem integrará o ativo fixo do adquirente pelo seu custo de aquisição.

Parágrafo único. Entende-se como custo de aquisição para os fins deste artigo o preço pago pelo arrendatário ao arrendador pelo exercício da opção de compra.

Art. 16.[30] Os contratos de arrendamento mercantil celebrados com entidades domiciliadas no exterior serão submetidos a registro no Banco Central do Brasil.

§ 1º. O Conselho Monetário Nacional estabelecerá as normas para a concessão do registro a que se refere este artigo, observando as seguintes condições:

a) razoabilidade da contraprestação e de sua composição;

b) critérios para fixação do prazo de vida útil do bem;

c) compatibilidade do prazo de arrendamento do bem com a sua vida útil;

d) relação entre o preço internacional do bem e o custo total do arrendamento;

e) cláusula de opção de compra ou renovação do contrato;

f) outras cautelas ditadas pela política econômico-financeira nacional.

§ 2º. Mediante prévia autorização do Banco Central do Brasil, segundo normas para este fim expedidas pelo Conselho Monetário Nacional, os bens objeto das operações de que trata este artigo poderão ser arrendados a sociedades arrendadoras domiciliadas no País, para o fim de subarrendamento.

30. Redação original: "Art. 16. Os contratos de arrendamento mercantil celebrados com entidades com sede no exterior serão submetidos a registro no Banco Central do Brasil. § 1º. O Conselho Monetário Nacional estabelecerá as normas para a concessão do registro a que se refere este artigo observando as seguintes condições: a) razoabilidade da contraprestação; b) critério para fixação da vida útil do bem objeto do arrendamento; c) compatibilidade do prazo de arrendamento do bem com a sua vida útil; d) relação entre o preço internacional de comercialização e o custo total do arrendamento; e) fixação do preço para a opção de compra; f) outras cautelas ditadas pela política econômico-financeira nacional. § 2º. É vedada a fixação de critérios condicionais na determinação do preço para opção de compra, quando a arrendadora for entidade com sede no exterior."

§ 3º. Estender-se-ão ao subarrendamento as normas aplicáveis aos contratos de arrendamento mercantil celebrados com entidades domiciliadas ao exterior.

§ 4º. No subarrendamento poderá haver vínculo de coligação ou de interdependência entre a entidade domiciliada no exterior e a sociedade arrendatária subarrendadora, domiciliada no País.

§ 5º. Mediante as condições que estabelecer, o Conselho Monetário Nacional poderá autorizar o registro de contratos sem cláusula de opção de compra, bem como fixar prazos mínimos para as operações previstas neste artigo.

Art. 17.[31] A entrada no território nacional dos bens objetos de arrendamento mercantil, contratado com entidades arrendadoras domiciliadas no exterior, não se confunde com o regime de admissão temporária de que trata o Decreto-lei 37, de 18 de novembro de 1966, e se sujeitará a todas as normas legais que regem a importação.

Art. 18.[32] A base de cálculo, para efeito do Imposto sobre Produtos Industrializados, do fato gerador que ocorrer por ocasião da remessa de bens importados ao estabelecimento da empresa arrendatária, corresponderá ao preço de atacado desse bem na praça em que a empresa arrendadora estiver domiciliada.

§ 1º. A saída de bens importados com isenção de imposto ficará isenta da incidência a que se refere o *caput* desse artigo.

§ 2º. Nas hipóteses em que o preço dos bens importados para o fim de arrendamento for igual ou superior ao que seria pago pelo arrendatário se os importasse diretamente, a base de cálculo mencionado no caput deste artigo será o valor que servir de base para o recolhimento do Imposto sobre Produtos Industrializados, por ocasião do desembaraço alfandegário desses bens.

Art. 19. Fica equiparada à exportação a compra e venda de bens no mercado interno, para o fim específico de arrendamento pelo comprador a arrendatário domiciliado no Exterior.

Art. 20. São assegurados ao vendedor dos bens de que trata o artigo anterior todos os benefícios fiscais concedidos por lei para incentivo à exportação,

---

31. Redação original: "Art. 17. A entrada no território nacional dos bens objetos de arrendamento mercantil, contratado com entidades arrendadoras com sede no exterior, não se confunde com o regime de admissão temporária de que trata o Decreto-lei n. 37, de 18 de novembro de 1966, e se sujeitará a todas as normas legais que regem a importação."
32. Redação original: "Art. 18. A base de cálculo, para efeito do Imposto sobre Produtos Industrializados, do fato gerador que ocorre por ocasião da remessa de bens importados ao estabelecimento da empresa arrendatária, corresponde ao preço por atacado desse bem na praça em que a empresa arrendadora estiver domiciliada."

observadas as condições de qualidade da pessoa do vendedor e outras exigidas para os casos de exportação direta ou indireta.

§ 1º. Os benefícios fiscais de que trata este artigo serão concedidos sobre o equivalente em moeda nacional de garantia irrevogável do pagamento das contraprestações do arrendamento contratado, limitada a base de cálculo ao preço da compra e venda.

§ 2º. Para os fins do parágrafo anterior, a equivalência em moeda nacional será determinada pela maior taxa de câmbio do dia da utilização dos benefícios fiscais.

Art. 21. O Ministro da Fazenda poderá estender aos arrendatários de máquinas, aparelhos e equipamentos de produção nacional, objeto de arrendamento mercantil, os benefícios de que trata o Decreto-lei n. 1.136, de 7 de dezembro de 1970.

Art. 22. As pessoas jurídicas que estiverem operando com arrendamento de bens, e que se ajustarem às disposições desta Lei dentro de 180 (cento e oitenta) dias, a contar da sua vigência, terão as suas operações regidas por este diploma legal, desde que ajustem convenientemente os seus contratos, mediante instrumentos de aditamento.

Art. 23. Fica o Conselho Monetário Nacional autorizado a:

a) expedir normas que visem a estabelecer mecanismos reguladores das atividades previstas nesta Lei, inclusive excluir modalidades de operações do tratamento nela previsto e limitar ou proibir sua prática por determinadas categorias de pessoas físicas ou jurídicas;[33]

b) enumerar restritamente os bens que não poderão ser objeto de arrendamento mercantil, tendo em vista a política econômico-financeira do País.

Art. 24.[34] A cessão do contrato de arrendamento mercantil à entidade domiciliada no exterior reger-se-á pelo disposto nesta Lei e dependerá de prévia autorização do Banco Central do Brasil, conforme normas expedidas pelo Conselho Monetário Nacional.

Parágrafo único. Observado o disposto neste artigo, poderão ser transferidos, exclusiva e independentemente da cessão do contrato, os direitos de créditos relativos às contraprestações devidas.

Art. 25. Esta Lei entra em vigor na data de sua publicação, revogadas as disposições em contrário.

---

33. Redação original deste inciso: "a) baixar normas que visem a estabelecer mecanismos reguladores das atividades previstas nesta Lei, inclusive excluir modalidades de operações do tratamento nela previsto".
34. Artigo introduzido pela Lei n. 7.132/83.

Lei n. 8.880, de 27 de maio de 1994

> Dispõe sobre o Programa de Estabilização Econômica e o Sistema Monetário Nacional, institui a Unidade Real de Valor – URV e dá outras providências.

(...)

Art. 6º. É nula de pleno direito a contratação de reajuste vinculado à variação cambial, exceto quando expressamente autorizado por lei federal e nos contratos de arrendamento mercantil celebrados entre pessoas residentes e domiciliadas no País, com base em captação de recursos provenientes do exterior.

(...)

Lei n. 9.249, de 26 de dezembro de 1995

> Altera a legislação do imposto de renda das pessoas jurídicas, bem como da contribuição social sobre o lucro líquido, e dá outras providências.

(...)

Art. 13. Para efeito de apuração do lucro real e da base de cálculo da contribuição social sobre o, lucro líquido, são vedadas as seguintes deduções, independentemente do disposto no art. 47 da Lei n. 4.506, de 30 de novembro de 1964:

I – de qualquer provisão, exceto as constituídas para o pagamento de férias de empregados e de décimo terceiro salário, de que trata o art. 43, da Lei n. 8.981, de 20 de janeiro de 1995, com as alterações da Lei n. 9.065, de 20 de junho de 1995, e as provisões técnicas das companhias de seguro e de capitalização, bem como das entidades de previdência privada, cuja constituição é exigida pela legislação especial a elas aplicável;

II – das contraprestações de arrendamento mercantil e do aluguel de bens móveis ou imóveis, exceto quando relacionados intrinsecamente com a produção ou comercialização dos bens e serviços;

(...)

Lei n. 9.430, de 27 de dezembro de 1996

> Dispõe sobre a legislação tributária federal, as contribuições para a seguridade social, o processo administrativo de consulta e dá outras providências.

(...)

Art. 86. Nos casos de pagamento de contraprestação de arrendamento mercantil, do tipo financeiro, a beneficiária pessoa jurídica domiciliada no exterior, a Secretaria da Receita Federal expedirá normas para excluir da base de cálculo do imposto de renda incidente na fonte a parcela remetida que corresponder ao valor do bem arrendado.

(...)

Lei n. 9.514, de 20 de novembro de 1997

> *Dispõe sobre o Sistema de Financiamento Imobiliário, institui a alienação fiduciária de coisa imóvel e dá outras providências*

(...)

Art. 37. Às operações de arrendamento mercantil de imóveis não se aplica a legislação pertinente à locação de imóveis residenciais, não residenciais ou comerciais.

(...)

Lei complementar n. 56, de 16 de dezembro de 1987

> *Altera a lista de serviços anexa ao Decreto-lei n. 406, de 31 de dezembro de 1968, e dá outras providências.*

Lista de serviços anexa ao Decreto-lei 406/68

(...)

Item 79: Locação de bens móveis, inclusive arrendamento mercantil.

(...)

Resolução CMN n. 2.309/96

> *Disciplina e consolida as normas relativas as operações de arrendamento mercantil.*

O Banco Central do Brasil, na forma do art. 9º da Lei n. 4.595, de 31.12.64, torna público que o Conselho Monetário Nacional, em sessão realizada em 28.8.96, com base no disposto na Lei n. 6.099, de 12.9.74, com as alterações introduzidas pela Lei n. 7.132, de 26.10.83, resolveu:

Art. 1º. Aprovar o Regulamento anexo, que disciplina a modalidade de arrendamento mercantil operacional, autoriza a prática de operações de arrendamento mercantil com pessoas físicas em geral e consolida normas a respeito de arrendamento mercantil financeiro.

Art. 2º. Fica o Banco Central do Brasil autorizado a adotar as medidas e baixar as normas julgadas necessárias a execução do disposto nesta Resolução.

Art. 3º. Esta Resolução entra em vigor na data de sua publicação.

Art. 4º. Ficam revogadas as Resoluções ns. 980, de 13.12.84, 1.452, de 15.01.88, 1.474, de 29.03.88, 1.681, de 31.01.90, 1.686, de 21.02.90, e 1.769, de 28.11.90, o art. 2. da Resolução 2.276, de 30.04.96, as Circulares ns. 903, de 14.12.84, 2.064, de 17.10.91, e o art. 2º da Circular 2.706, de 18.07.96.

Brasília, 28 de agosto de 1996

Anexo à Resolução CMN n. 2.309/96

Capítulo I – DA PRÁTICA DE ARRENDAMENTO MERCANTIL

Art. 1º. As operações de arrendamento mercantil com o tratamento tributário previsto na Lei n. 6.099, de 12.09.74, alterada pela Lei n. 7.132, de 26.10.83, somente podem ser realizadas por pessoas jurídicas que tenham como objeto principal de sua atividade a prática de operações de arrendamento mercantil, pelos bancos múltiplos com carteira de arrendamento mercantil e pelas instituições financeiras que, nos termos do art. 13 deste Regulamento, estejam autorizadas a contratar operações de arrendamento com o próprio vendedor do bem ou com pessoas jurídicas a ele coligadas ou interdependentes.

Parágrafo único. As operações previstas neste artigo podem ser dos tipos financeiro e operacional.

Art. 2º. Para a realização das operações previstas neste Regulamento, as sociedades de arrendamento mercantil e as instituições financeiras citadas no artigo anterior devem manter departamento técnico devidamente estruturado e supervisionado diretamente por um de seus diretores.

Parágrafo único. As sociedades e instituições devem comunicar a Delegacia Regional do Banco Central do Brasil a que estiverem jurisdicionadas o nome do diretor responsável pela área de arrendamento mercantil.

Capítulo II – DA CONSTITUIÇÃO E DO FUNCIONAMENTO DAS SOCIEDADES DE ARRENDAMENTO MERCANTIL

Art. 3º. A constituição e o funcionamento das pessoas jurídicas que tenham como objeto principal de sua atividade a pratica de operações de arrendamento mercantil, denominadas sociedades de arrendamento mercantil, dependem de autorização do Banco Central do Brasil.

Art. 4º. As sociedades de arrendamento mercantil devem adotar a forma jurídica de sociedades anônimas e a elas se aplicam, no que couber, as mesmas condições estabelecidas para o funcionamento de instituições financeiras na Lei n. 4.595, de 31.12.64, e legislação posterior relativa ao Sistema Financeiro Nacional, devendo constar obrigatoriamente de sua denominação social a expressão "Arrendamento Mercantil".

Parágrafo único. A expressão "Arrendamento Mercantil" na denominação ou razão social é privativa das sociedades de que trata este artigo.

Capítulo III – DAS MODALIDADES DE ARRENDAMENTO MERCANTIL

Art. 5º. Considera-se arrendamento mercantil financeiro a modalidade em que:

I – as contraprestações e demais pagamentos previstos no contrato, devidos pela arrendatária, sejam normalmente suficientes para que a arrendadora recupere o custo do bem arrendado durante o prazo contratual da operação e, adicionalmente, obtenha um retorno sobre os recursos investidos;

II – as despesas de manutenção, assistência técnica e serviços correlatos a operacionalidade do bem arrendado sejam de responsabilidade da arrendatária;

III – o preço para o exercício da opção de compra seja livremente pactuado, podendo ser, inclusive, o valor de mercado do bem arrendado.

Art. 6º. Considera-se arrendamento mercantil operacional a modalidade em que:[35]

I – as contraprestações a serem pagas pela arrendatária contemplem o custo de arrendamento do bem e os serviços inerentes à sua colocação à disposição da arrendatária, não podendo o valor presente dos pagamentos ultrapassar 90% (noventa por cento) do custo do bem;

II – prazo contratual seja inferior a 75% (setenta e cinco por cento) do prazo de vida útil econômica do bem;

III – o preço para o exercício da opção de compra seja o valor de mercado do bem arrendado;

IV – não haja previsão de pagamento de valor residual garantido.

§ 1º. As operações de que trata este artigo são privativas dos bancos múltiplos com carteira de arrendamento mercantil e das sociedades de arrendamento mercantil.

§ 2º. No cálculo do valor presente dos pagamentos deverá ser utilizada taxa equivalente aos encargos financeiros constantes do contrato.

§ 3º. A manutenção, a assistência técnica e os serviços correlatos a operacionalidade do bem arrendado podem ser de responsabilidade da arrendadora ou da arrendatária.

Capítulo IV – DOS CONTRATOS DE ARRENDAMENTO

Art. 7º. Os contratos de arrendamento mercantil devem ser formalizados por instrumento público ou particular, devendo conter, no mínimo, as especificações abaixo relacionadas:

---

35. Redação de acordo com a Res. 2.465/98.

I – a descrição dos bens que constituem o objeto do contrato, com todas as características que permitam sua perfeita identificação;

II – o prazo de arrendamento;

III – o valor das contraprestações ou a fórmula de cálculo das contraprestações, bem como o critério para seu reajuste;

IV – a forma de pagamento das contraprestações por períodos determinados, não superiores a 1 (um) semestre, salvo no caso de operações que beneficiem atividades rurais, quando o pagamento pode ser fixado por períodos não superiores a 1 (um) ano;

V – as condições para o exercício por parte da arrendatária do direito de optar pela renovação do contrato, pela devolução dos bens ou pela aquisição dos bens arrendados;

VI – a concessão a arrendatária de opção de compra dos bens arrendados, devendo ser estabelecido o preço para seu exercício ou critério utilizável na sua fixação;

VII – as despesas e os encargos adicionais, inclusive despesas de assistência técnica, manutenção e serviços inerentes a operacionalidade dos bens arrendados, admitindo-se, ainda, para o arrendamento mercantil financeiro:

a) a previsão de a arrendatária pagar valor residual garantido em qualquer momento durante a vigência do contrato, não caracterizando o pagamento do valor residual garantido o exercício da opção de compra;

b) o reajuste do preço estabelecido para a opção de compra e o valor residual garantido.

VIII – as condições para eventual substituição dos bens arrendados, inclusive na ocorrência de sinistro, por outros da mesma natureza, que melhor atendam as conveniências da arrendatária, devendo a substituição ser formalizada por intermédio de aditivo contratual;

IX – as demais responsabilidades que vierem a ser convencionadas, em decorrência de:

a) uso indevido ou impróprio dos bens arrendados;

b) seguro previsto para cobertura de risco dos bens arrendados;

c) danos causados a terceiros pelo uso dos bens;

d) ônus advindos de vícios dos bens arrendados;

X – a faculdade de a arrendadora vistoriar os bens objeto de arrendamento e de exigir da arrendatária a adoção de providencias indispensáveis a preservação da integridade dos referidos bens;

XI – as obrigações da arrendatária, nas hipóteses de:

a) inadimplemento, limitada a multa de mora a 2% (dois por cento) do valor em atraso;

b) destruição, perecimento ou desaparecimento dos bens arrendados;[35a]

XII – a faculdade de a arrendatária transferir a terceiros no País, desde que haja anuência expressa da entidade arrendadora, os seus direitos e obrigações decorrentes do contrato, com ou sem co-responsabilidade solidária.

Art. 8º. Os contratos devem estabelecer os seguintes prazos mínimos de arrendamento:

I – para o arrendamento mercantil financeiro:

a) 2 (dois) anos, compreendidos entre a data de entrega dos bens a arrendatária, consubstanciada em termo de aceitação e recebimento dos bens, e a data de vencimento da última contraprestação, quando se tratar de arrendamento de bens com vida útil igual ou inferior a 5 (cinco) anos;

b) 3 (três) anos, observada a definição do prazo constante da alínea anterior, para o arrendamento de outros bens;

II – para o arrendamento mercantil operacional, 90 (noventa) dias.

Art. 9º. Os contratos de arrendamento mercantil de bens cuja aquisição tenha sido efetuada com recursos provenientes de empréstimos contraídos, direta ou indiretamente, no exterior devem ser firmados com cláusula de variação cambial.

Art. 10. A operação de arrendamento mercantil será considerada como de compra e venda a prestação se a opção de compra for exercida antes de decorrido o respectivo prazo mínimo estabelecido no art. 8º deste Regulamento.

Capítulo V – DAS OPERAÇÕES DE ARRENDAMENTO

Art. 11. Podem ser objeto de arrendamento bens móveis, de produção nacional ou estrangeira, e bens imóveis adquiridos pela entidade arrendadora para fins de uso próprio da arrendatária, segundo as especificações desta.

Art. 12. É permitida a realização de operações de arrendamento mercantil com pessoas físicas e jurídicas, na qualidade de arrendatárias.

Art. 13. As operações de arrendamento mercantil contratadas com o próprio vendedor do bem ou com pessoas a ele coligadas ou interdependentes somente podem ser contratadas na modalidade de arrendamento mercantil financeiro, aplicando-se a elas as mesmas condições fixadas neste Regulamento.

§1º. As operações de que trata este artigo somente podem ser realizadas com pessoas jurídicas, na condição de arrendatárias.

§ 2º. Os bancos múltiplos com carteira de investimento, de desenvolvimento e/ou de crédito imobiliário, os bancos de investimento, os bancos de

---

35a. Redação de acordo com a Resolução 2.659/99.

desenvolvimento, as caixas econômicas e as sociedades de crédito imobiliário também podem realizar as operações previstas neste artigo.

Art. 14. É permitido a entidade arrendadora, nas hipóteses de devolução ou recuperação dos bens arrendados:

I – conservar os bens em seu ativo imobilizado, pelo prazo máximo de 2 (dois) anos;

II – alienar ou arrendar a terceiros os referidos bens.

Parágrafo único. O disposto neste artigo aplica-se também aos bens recebidos em dação em pagamento.

Capítulo VI – DO SUBARRENDAMENTO

Art. 15. Os bancos múltiplos com carteira de arrendamento mercantil e as sociedades de arrendamento mercantil podem realizar operações de arrendamento com entidades domiciliadas no exterior, com vistas unicamente ao posterior subarrendamento dos bens a pessoas jurídicas, no País.

Parágrafo único. As operações de arrendamento previstas neste artigo estão sujeitas a registro no Banco Central do Brasil.

Art. 16. É facultada aos bancos múltiplos com carteira de arrendamento mercantil e as sociedades de arrendamento mercantil a aquisição, no mercado interno, de direitos e obrigações decorrentes de contratos de arrendamento celebrados com entidades no exterior, com a finalidade exclusiva de posterior subarrendamento dos bens, nos termos do artigo anterior.

Art. 17. São vedadas as operações de subarrendamento quando houver coligação, direta ou indireta, ou interdependência entre a arrendadora domiciliada no exterior e a subarrendatária domiciliada no País, nos termos do art. 27 deste Regulamento.

Art. 18. Os bancos múltiplos com carteira de arrendamento mercantil e as sociedades de arrendamento mercantil devem repassar as subarrendatárias domiciliadas no País, em contratos de arrendamento mercantil financeiro, realizados nos termos deste Regulamento, todos os custos, taxas, impostos, comissões, outras despesas relativas a obtenção do bem arrendado e demais condições pactuadas no contrato firmado com as entidades do exterior, acrescidos de sua remuneração, inclusive aquelas referentes a eventual aquisição dos direitos e obrigações de contratos, podendo tais despesas e encargos ser incorporados ao custo do bem arrendado.

Capítulo VII – DAS FONTES DE RECURSOS

Art. 19. As sociedades de arrendamento mercantil podem empregar em suas atividades, além de recursos próprios, os provenientes de:

I – empréstimos contraídos no exterior;

II – empréstimos e financiamentos de instituições financeiras nacionais, inclusive de repasses de recursos externos;

III – instituições financeiras oficiais, destinados a repasses de programas específicos;

IV – colocação de debêntures de emissão pública ou particular e de notas promissórias destinadas a oferta pública;

V – cessão de contratos de arrendamento mercantil, bem como dos direitos creditórios deles decorrentes;

VI – depósitos interfinanceiros, nos termos da regulamentação em vigor;

VII – outras formas de captação de recursos, autorizadas pelo Banco Central do Brasil.

Art. 20. As sociedades de arrendamento mercantil e as instituições financeiras autorizadas a prática de operações previstas neste Regulamento podem contratar empréstimos no exterior, com as seguintes finalidades:

I – obtenção de recursos para aquisição de bens para fins de arrendamento;

II – aquisição de direitos creditórios decorrentes de contratos de arrendamento mercantil que contenham cláusula de variação cambial;

III – aquisição de contratos de arrendamento mercantil que contenham cláusula de variação cambial, observado o contido no art. 22 deste Regulamento.

Art. 21. As sociedades de arrendamento mercantil podem contratar empréstimos, financiamentos, repasses de recursos e prestação de garantias com instituições financeiras controladoras, coligadas ou interdependentes, observado que os respectivos encargos devem ser os normalmente cobrados em operações da espécie, realizadas com terceiros.

Art. 22. As operações de cessão e aquisição de contratos de arrendamento, no mercado interno, exceto as referidas no art. 13 deste Regulamento, são restritas aos bancos múltiplos com carteira de arrendamento mercantil e as sociedades de arrendamento mercantil.

Parágrafo único. É facultada a cessão e a aquisição de contratos de que trata o art. 13 deste Regulamento entre as instituições autorizadas a praticar essa modalidade de operação.

Art. 23. A aquisição de contratos de arrendamento mercantil cujos bens arrendados tenham sido adquiridos com recursos de empréstimos externos ou que contenham cláusula de variação cambial, bem como dos direitos creditórios deles decorrentes, somente pode ser realizada com a utilização de recursos de empréstimos obtidos no exterior.

Art. 24. As sociedades de arrendamento mercantil podem oferecer, em garantia de empréstimos que contraírem nos mercados interno ou externo, a caução de direitos creditórios de contratos de arrendamento mercantil.

Art. 25. A cessão de contratos de arrendamento mercantil, bem como dos direitos creditórios deles decorrentes, a entidades domiciliadas no exterior, depende de prévia autorização do Banco Central do Brasil.

Art. 26. Os bancos múltiplos com carteira de investimento ou de desenvolvimento, os bancos de investimento e os bancos de desenvolvimento podem utilizar recursos oriundos de empréstimos externos, contraídos nos termos da Resolução 63, de 21.08.67, em operações de arrendamento mercantil de que trata o art. 13 deste Regulamento.

§ 1º. As operações realizadas nos termos deste artigo somente podem ser contratadas tendo como arrendatárias pessoas jurídicas.

§ 2º. A parcela dos recursos externos que for amortizada pelo pagamento das contraprestações pode ser utilizada em novas operações de arrendamento mercantil, em repasses a clientes ou em aplicações alternativas autorizadas para os recursos externos destinados a repasses.

§ 3º. Respeitados os prazos mínimos previstos no art. 8., inciso I, deste Regulamento, as operações referidas neste artigo somente podem ser realizadas por prazos iguais ou inferiores ao da amortização final do empréstimo contratado no exterior, cujos recursos devem permanecer no País consoante as condições de prazo de pagamento no exterior que forem admitidas pelo Banco Central do Brasil na época da autorização de seu ingresso.

Capítulo VIII – DA COLIGAÇÃO E INTERDEPENDÊNCIA

Art. 27. Para os fins do art. 2º, parágrafo 1º, da Lei n. 6.099, de 12.9.74, e deste Regulamento, considera-se coligada ou interdependente a pessoa:

I – em que a entidade arrendadora participe, direta ou indiretamente, com 10% (dez por cento) ou mais do capital;

II – em que administradores da entidade arrendadora, seus cônjuges e respectivos parentes ate o 2. (segundo) grau participem, em conjunto ou isoladamente, com 10% (dez por cento) ou mais do capital, direta ou indiretamente;

III – em que acionistas com 10% (dez por cento) ou mais do capital da entidade arrendadora participem com 10% (dez por cento) ou mais do capital, direta ou indiretamente;

IV – que participar com 10% (dez por cento) ou mais do capital da entidade arrendadora, direta ou indiretamente;

V – cujos administradores, seus cônjuges e respectivos parentes até o segundo grau participem, em conjunto ou isoladamente, com 10% (dez por cento) ou mais do capital da entidade arrendadora, direta ou indiretamente;

VI – cujos sócios, quotistas ou acionistas com 10% (dez por cento) ou mais do capital participem também do capital da entidade arrendadora com 10% (dez por cento) ou mais de seu capital, direta ou indiretamente;

VII – cujos administradores, no todo ou em parte, sejam os mesmos da entidade arrendadora.

Capítulo IX – VEDAÇÕES

Art. 28. As sociedades de arrendamento mercantil e as instituições financeiras citadas no art. 13 deste Regulamento é vedada a contratação de operações de arrendamento mercantil com:

I – pessoas físicas e jurídicas coligadas ou interdependentes;

II – administradores da entidade e seus respectivos cônjuges e parentes ate o segundo grau;

III – o próprio fabricante do bem arrendado.

Art. 29. É vedada as sociedades de arrendamento mercantil a celebração de contratos de mútuo com pessoas físicas e jurídicas não financeiras.

Capítulo X – DISPOSIÇÕES FINAIS

Art. 30. O Banco Central do Brasil poderá fixar critérios de distribuição de contraprestações de arrendamento durante o prazo contratual, tendo em vista o adequado atendimento dos prazos mínimos fixados no art. 8. deste Regulamento.

Art. 31. As disponibilidades das sociedades de arrendamento mercantil, quando não mantidas em espécie, podem ser livremente aplicadas no mercado, observados os limites e demais normas regulamentares pertinentes a cada espécie de aplicação financeira.

Art. 32. Aplicam-se às sociedades de arrendamento mercantil as normas em vigor para as instituições financeiras em geral, no que diz respeito a competência privativa do Banco Central do Brasil para a concessão das autorizações previstas no inciso X do art. 10 da Lei n. 4.595, de 31.12.64, bem como para aprovar a posse no exercício de quaisquer cargos na administração das referidas sociedades, inclusive em órgãos consultivos, fiscais ou semelhantes, nos termos da referida legislação e regulamentação posterior

Art. 33. As operações que se realizarem em desacordo com as disposições deste Regulamento não se caracterizam como de arrendamento mercantil.

Resolução CMN n. 2.561/98

Altera e consolida normas sobre cessão de créditos.

O Banco Central do Brasil, na forma do art. 9º da Lei n. 4.595, de

31.12.64, torna público que o Conselho Monetário Nacional, em sessão realizada em 5.11.1998, tendo em vista o disposto no art. 4., inciso VI, da referida Lei e no art. 23 da Lei n. 6.099, de 12.9.74, com a redação dada pela Lei n. 7.132, de 26.10.83,

Resolveu:

Art. 1º. Autorizar as instituições financeiras a ceder, a instituições da mesma natureza, seus créditos oriundos de operações de empréstimos, de financiamentos e de arrendamento mercantil.

Parágrafo único. O disposto neste artigo não impede a negociação de títulos de crédito, tais como cédulas hipotecárias e cédulas e notas de crédito rural, comercial, industrial e de exportação.

Art. 2º. É facultado as sociedades de arrendamento mercantil ceder, a sociedades da mesma natureza e a instituições financeiras, os direitos creditórios oriundos de contratos de arrendamento mercantil.

Art. 3º. A cessão de créditos de que trata esta Resolução pode ser efetuada com ou sem coobrigação da instituição cedente.

Art. 4º. A aquisição de direitos creditórios decorrentes de contratos que contenham cláusula de variação cambial somente poderá ser realizada com a utilização de recursos de empréstimos obtidos no exterior. Parágrafo único. O disposto neste artigo não se aplica a negociação de títulos de crédito contendo cláusula de variação cambial.

Art. 5º. Não será admitida:

I – a cessão de créditos inscritos nas contas de créditos em liqüidação, ressalvados os casos previstos no art. 7º e as operações reguladas pela Resolução n. 2.493, de 7.5.98;

II – a recompra, a prazo, de créditos vincendos, anteriormente cedidos;

III – a aquisição de créditos com recursos originários de aceites cambiais.

Parágrafo único. As operações de cessão e aquisição de créditos entre sociedades de crédito, financiamento e investimento, bancos comerciais e bancos múltiplos com carteira comercial e/ou de crédito, financiamento e investimento, decorrentes das modalidades operacionais permitidas, poderão gerar aceite de letras de câmbio pela cessionária, desde que atendidas, cumulativamente, as seguintes condições:

I – os créditos adquiridos sejam oriundos de financiamentos concedidos com base em contratos de aceites cambiais;

II – inexista, em relação aos créditos cedidos, aceite de letras de câmbio pela cedente.

Art. 6º. As operações de cessão de créditos pelas instituições financeiras e sociedades de arrendamento mercantil ficam restritas as previstas nesta Resolução e na Resolução n. 2.493/98.

Parágrafo único. O disposto neste artigo não impede a aquisição de direitos creditórios de pessoas não integrantes do Sistema Financeiro Nacional.

Art. 7º. Ressalvadas as operações reguladas pela Resolução 2.493/98, a cessão de créditos oriundos de operações de empréstimos, financiamentos e arrendamento mercantil para pessoas não integrantes do Sistema Financeiro Nacional pode ser admitida, excepcionalmente e mediante autorização, caso a caso, do Banco Central do Brasil.

§ 1º. Para efeito do disposto neste artigo:

I – somente serão admitidas as cessões de crédito na modalidade sem coobrigação da instituição cedente;

II – não será permitida a recompra dos créditos cedidos;

III – a liqüidação das operações será efetuada a vista.

§ 2º. Qualquer transação posterior envolvendo os créditos objeto de cessão não poderá acarretar retorno do risco, ainda que de forma indireta, para a instituição cedente.

§ 3º. A instituição cedente deverá incluir, no primeiro balanço publicado após a aprovação da operação pelo Banco Central do Brasil, nota explicativa informando os valores contábil e de cessão dos créditos, bem como os reflexos patrimoniais e no resultado decorrentes da transação.

Art. 8º. É facultada as instituições financeiras a aquisição e a cessão, a pessoas jurídicas integrantes ou não do Sistema Financeiro Nacional, de créditos decorrentes de contratos de exportação negociados no mercado interno.

Parágrafo único. Os créditos previstos neste artigo poderão ser negociados pelos fundos de investimento, na forma da regulamentação vigente.

Art. 9º. O Banco Central do Brasil poderá adotar as medidas e baixar as normas julgadas necessárias a execução desta Resolução.

Art. 10. Esta Resolução entra em vigor na data de sua publicação.

Art. 11. Ficam revogadas as Resoluções ns. 1.962, de 27.8.92, e 2.412, de 6.8.97, e a Carta-Circular n. 2.605, de 12.12.95, passando as citações constantes nos normativos editados pelo Banco Central do Brasil relativas a mencionada Resolução n. 1.962/92 a ter como referência e/ou base regulamentar esta Resolução.

Brasília, 5 de novembro de 1998

Portaria MF n. 113, de 26 de fevereiro de 1988

Dispõe sobre a depreciação de bens objeto de arrendamento mercantil

O Ministro de Estado da Fazenda, no uso de suas atribuições, resolve:

1. No cálculo da quota de depreciação de bem objeto de arrendamento mercantil, o prazo de sua vida útil, normal, admissível, poderá ser reduzido em

30% (trinta por cento) quando, em qualquer momento do decurso do prazo contratual, a diferença entre: (a) o valor acumulado das contraprestações vencidas, em relação ao valor total das contraprestações, e (b) o prazo decorrido, correspondente, em relação ao prazo total do contrato; ambos expressos em percentagem, não exceder a 10 (dez) pontos percentuais.

2. O confronto para determinar a proporção de que trata a letra "a", do item 1, será realizado com base nos valores das contraprestações, após expurgados, quando pactuadas contratualmente, das parcelas correspondentes:

a) à atualização monetária ou cambial, e/ou

b) às variações das taxas de juros, em relação à vigente no início do contrato, quando prevista cláusula de seu reajuste periódico.

3. A arrendadora deverá manter, à disposição da Secretaria da Receita Federal, planilha relativa a cada operação de arrendamento mercantil, com os detalhes da composição dos valores das contraprestações no início da vigência do contrato.

4. A permissão de que trata o item 1 aplica-se, exclusivamente à operação de arrendamento mercantil que tenha como arrendatária pessoa jurídica, e seja contratada por prazo equivalente a, no mínimo, 40% (quarenta por cento) do prazo de vida útil, normal, do bem arrendado.

5. O disposto nesta Portaria aplica-se aos contratos celebrados a partir de sua vigência, revogada a Portaria 431, de 23 de dezembro de 1987.

Portaria MF n. 140, de 27 de julho de 1984

> *Imposto sobre a Renda – Estabelece normas às contraprestações de arrendamento mercantil no tocante à computação no lucro líquido do período-base em que foram exigíveis.*

O Ministro do Estado da Fazenda, no uso de suas atribuições, resolve:

I – As contraprestações de arrendamento mercantil serão computadas no lucro líquido do período-base em que forem exigíveis.

II – As parcelas de antecipação do valor residual garantido ou do pagamento por opção de compra serão tratadas como passivo do arrendador e ativo do arrendatário, não sendo computadas na determinação do lucro real.

III – No cálculo da quota de depreciação de bens objeto de arrendamento mercantil, o prazo de vida útil normal admissível é reduzido em 30 (trinta por cento), vedada a utilização do coeficiente de aceleração de depreciação, a qualquer título, ressalvado o disposto no subitem III.3:

III.1 – a depreciação será reconhecida na medida em que for sendo incorrida;

III.2 – o fato de o bem destinar-se a arrendamento não faculta à arrendadora a aplicação de taxas de depreciação diversas das admitidas para as empresas que empregam bens de produção de sua propriedade;

III.3 – no caso de projetos aprovados para a arrendatária, pelo Conselho de Desenvolvimento Industrial, a arrendadora poderá deduzir a depreciação acelerada incentivada de que tratam os artigos 203 e 204 do Regulamento do Imposto sobre a Renda (Decreto 85.450, de 4 de dezembro de 1980).

IV – As taxas de depreciação calculadas em desacordo com o disposto no item III, ainda que baseadas em laudos técnicos expedidos por entidades oficiais, não serão aceitas para contratos celebrados a partir da vigência desta Portaria.

V – as operações de arrendamento mercantil objeto de contratos celebrados anteriormente à data de entrada em vigor da presente Portaria continuarão sendo reguladas pelas Portarias n. 564, de 3 de novembro de 1978, e n. 376-E, de 28 de setembro de 1976.

VI – O disposto na Portaria n. 564, de 3 de novembro de 1978, aplica-se às operações, objeto de contratos de arrendamento celebrados a partir da presente data, exceto no que for incompatível com esta Portaria.

VII – Esta Portaria entrará em vigor na data de sua publicação.

Portaria MF n. 564, de 3 de novembro de 1978

Imposto Sobre a Renda – IR Dispõe sobre apuração de resultados, para efeito de tributação, de operações de arrendamento mercantil.

O Ministro de Estado da Fazenda, no uso de suas atribuições, e

Considerando que o Decreto-Lei n. 1.598, de 26 de dezembro de 1977, introduziu substanciais modificações na apuração dos resultados das pessoas jurídicas;

Considerando que as operações de arrendamento mercantil encerram especificidades que demandam tratamento tributário diferenciado;

Considerando a conveniência de conciliar as disposições legais com a necessidade de prover as empresas arrendadoras de procedimentos contábeis e Demonstrações Financeiras adequadas, resolve:

1. Esta Portaria disciplina a tributação pelo Imposto sobre a Renda das operações de arrendamento mercantil previstas na Lei n. 6.099, de 12 de setembro de 1974, e praticadas por sociedades autorizadas a funcionar pelo Banco Central do Brasil.

2. Para os efeitos desta Portaria considera-se:

Custo de aquisição: o montante do dispêndio incorrido pela arrendadora para aquisição do bem destinado a arrendamento. Integram o custo de aquisição, quando constituam ônus da arrendadora e devam ser recuperados no contrato de arrendamento, os custos de transporte, instalação, seguro e de impostos pagos na aquisição, bem como a taxa de compromisso que, tendo sido escriturada como receita de acordo com o item 5, para atender a cláusula contratual seja capitalizada.

Valor Residual Garantido: preço contratualmente estipulado para exercício da opção de compra, ou valor contratualmente garantido pela arrendatária como mínimo que será recebido pela arrendadora na venda a terceiros do bem arrendado, na hipótese de não ser exercida a opção de compra.

3. O custo de aquisição será contabilizado em conta do ativo imobilizado da arrendadora.

4. (*Revogado*)

5. As receitas provenientes de comissões de agenciamento ou negociação integrarão os resultados do exercício social em que for firmado o contrato. As provenientes de taxas de compromisso integrarão os resultados dos exercícios sociais em que forem devidas.

6. (*Revogado*)

7. (*Revogado*)

8. (*Revogado*)

9. O resultado apurado na alienação do bem arrendado terá o seguinte tratamento:

I – no caso de exercício da opção contratual de compra, ou na venda a terceiros com apropriação pela arrendadora do valor residual garantido, a diferença entre o valor de venda e o valor residual atribuído será computada:

como resultado do exercício, se positiva;

como ativo diferido, para amortização no restante de 70% (setenta por cento) do prazo de vida útil normal do bem, se negativa;

II – no caso de venda à pessoa física ou jurídica não ligada à arrendadora nem à arrendatária por interesse econômico comum, com apropriação pela arrendadora da totalidade do preço de venda, a perda ou o ganho será levado a resultado do exercício.

10. Uma vez publicada, esta Portaria aplica-se integralmente a todo contrato de arrendamento que vier a ser celebrado.

11. (*Revogado*)

Resolução CONTRAN n. 59, de 21 de maio de 1998

Dispõe sobre a notificação de infrações de trânsito dos veículos pertencentes a sociedades de arrendamento mercantil.

O Conselho Nacional de Trânsito – CONTRAN, usando da competência que lhe confere o art. 12, inciso I, da Lei n. 9.503, de 23 de setembro de 1997, que instituiu o Código de Trânsito Brasileiro – CTB, e conforme o Decreto n. 2.327, de 23 de setembro de 1997, que trata da coordenação do Sistema Nacional de Trânsito, resolve:

Art. 1º. Quando o veículo estiver registrado em nome de Sociedades de Arrendamento Mercantil, o órgão executivo de trânsito deverá encaminhar a notificação da infração de trânsito diretamente ao arrendatário.

Parágrafo único. A arrendadora deverá fornecer ao órgão executivo de trânsito todos os dados necessários para a identificação do arrendatário, quando da celebração do contrato com o mesmo.

Art. 2º. Esta Resolução entra em vigor na data da sua publicação.

BIBLIOGRAFIA

ARMELIN, Donaldo. *Legitimidade para agir no direito processual civil brasileiro*, S. Paulo, Ed. RT, 1979.

AZEVEDO, Antônio Junqueira de, *Negócio jurídico – Existência, validade e eficácia*, 2ª ed., Saraiva, São Paulo, 1986.

BARBOSA MOREIRA, José Carlos. "Substituição das partes, litisconsórcio, assistência e intervenção de terceiros", in *Estudos sobre o novo Código de Processo Civil*, Rio, Liber Juris, 1974.

_____. *O novo processo civil brasileiro*, 13ª ed., Rio, Forense, 1992.

BENJÓ, Celso, "O *leasing* na sistemática jurídica nacional e internacional", in *RF* 274/11, 1981.

BUONOCORE, Vicenzo, FANTOZZI, Augusto, ALDERIGHI, Massimo, e FERRARINI, Guido, *El "leasing", aspectos privatisticos y tributarios*, Buenos Aires, Abeledo-Perrot, 1990.

CABRAL, Antônio da Silva, *"Leasing" no direito brasileiro*, v. I e II, São Paulo, Ed. Resenha Tributária, 1975.

CARNEIRO, Athos Gusmão, "O Ccontrato de *leasing* financeiro e as ações revisionais", in *Revista Jurídica* 237/05, julho 1997.

COMPARATO, Fábio Konder, "Contrato de *leasing*", in *RT* 383/13.

DELGADO, José Augusto, *"Leasing" – Doutrina e jurisprudência*, Curitiba, Juruá, 1997.

DINAMARCO, Cândido Rangel. *A instrumentalidade do processo,* 3ª ed., S. Paulo, Malheiros Editores, 1993.

_____. *Fundamentos do processo civil moderno*, 2ª ed., S. Paulo, Ed. RT, 1987.

_____. *Litisconsórcio*, 5ª ed., S. Paulo, Malheiros Editores, 1997.

FELSBERG, Thomas Benes, "Anotações para um enfoque jurisprudencial do *leasing*", in *RJTAESP*, 146/06, julho/agosto de 1994.

GRECO FILHO, Vicente. *Direito processual civil brasileiro*, 11ª ed., S. Paulo, Saraiva, 1996.

HILÁRIO, B. Garcia, "Contrato de *leasing*", in *RF* 250/70.

LOPES, Mauro Brandão, "Natureza jurídica do *leasing*", in *RDM* 14/38, 1974.

MANCUSO, Rodolfo de Camargo, *Leasing*, São Paulo, Ed. RT, 1999.

PAES, Paulo Roberto Tavares, *"Leasing"*, São Paulo, Ed. RT, 1977.

PEREIRA, Caio Mário da Silva, *"Leasing* (arrendamento mercantil)", in *RF* 287/7.

RIZZARDO, Arnaldo, *"Leasing"*, São Paulo, Ed. RT, 3ª ed., 1997.

SILVA, Carlos Alberto Parussolo da, "Visão do *leasing* em face do Código de Defesa do Consumidor", in *Revista de Direito do Consumidor* 32/110.

1324

Impressão e acabamento:
GRÁFICA PAYM
Tel. (011) 4392-3344